北欧から来た宣教師

戦後日本と自由キリスト教会

大谷 渡
Ohya Wataru

東方出版

●目次

序章　中国から台湾、そして日本へ　7
戦火を逃れて7／姉妹との出会い11／日本留学の約束13／番匠鐵雄のこと15／守山から瀬戸へ17／瀬戸の窯神20

第一章　瀬戸伝道のはじまり　23
初めての訪問者23／ハーゲンの決意25／「自由基督教会」27／窯神での暮らし29／初期の受洗者32／初期信徒点描34／陶磁器の街の発展36

第二章　神の子らの肖像　41
清二の終戦41／瀬戸の陣屋へ44／大学へ進学47／馬力引きの少年50／母の言葉、

高校へ52／瀬戸の「南塾」56／結婚、その後58／陶器屋の子60

第三章　母の愛、ハーゲンの生い立ち　64

「桜井さん」のこと64／悔いを残して66／ハーゲンの一時帰国69／教会堂建設のころ72／献身の姿から76／出生のこと78／ホヴァ家を出されて82／ライラの生家84／シーの街とペンテコステ86／ライラの父と母90／ペンテコステ宣教と日本94

第四章　一枚の写真から、福井伝道　98

「自由キリスト教宣教団」98／開拓伝道の地域101／京都のナザレン教会信徒105／ベルゲ、スカウゲと西出静枝107／ルドルフとその家族111／武生から福井へ112

第五章　十字架の幻を見た青年　116

大阪市港区に育つ116／旧制市岡中学校へ進学119／福井県への疎開121／父の死、

弟のこと123／福井精練加工染織工125／武生「教会」を訪ねる128／受洗、路傍伝道131／聖霊のバプテスマ133／聖書学校へ135／反対を乗り越えて137／ベルゲの故郷140／クリッペン教会とベルゲ143／ブラジルでの伝道145／伝道中の奇跡譚148／再び日本、北海道へ151／教会建設、妻との別れ153

第六章　奥越前とランヒル・ラヴォス　157

ラヴォス姉弟を訪ねて157／雪国の思い出160／宣教師への道163／越前大野と勝山166／日本伝道のむずかしさ170／ハーゲン宣教師との交わり173／大野の青年175／三国の女性179／「さとえさん」のこと183

第七章　デンマークから越前、加賀へ　187

震災地丸岡へ187／城下町丸岡189／武生の生まれ192／武生教会での出会い196／小松、金津へ200／金津福音キリスト教会203／イエスパーセン夫妻206

あとがき　209
索引　234

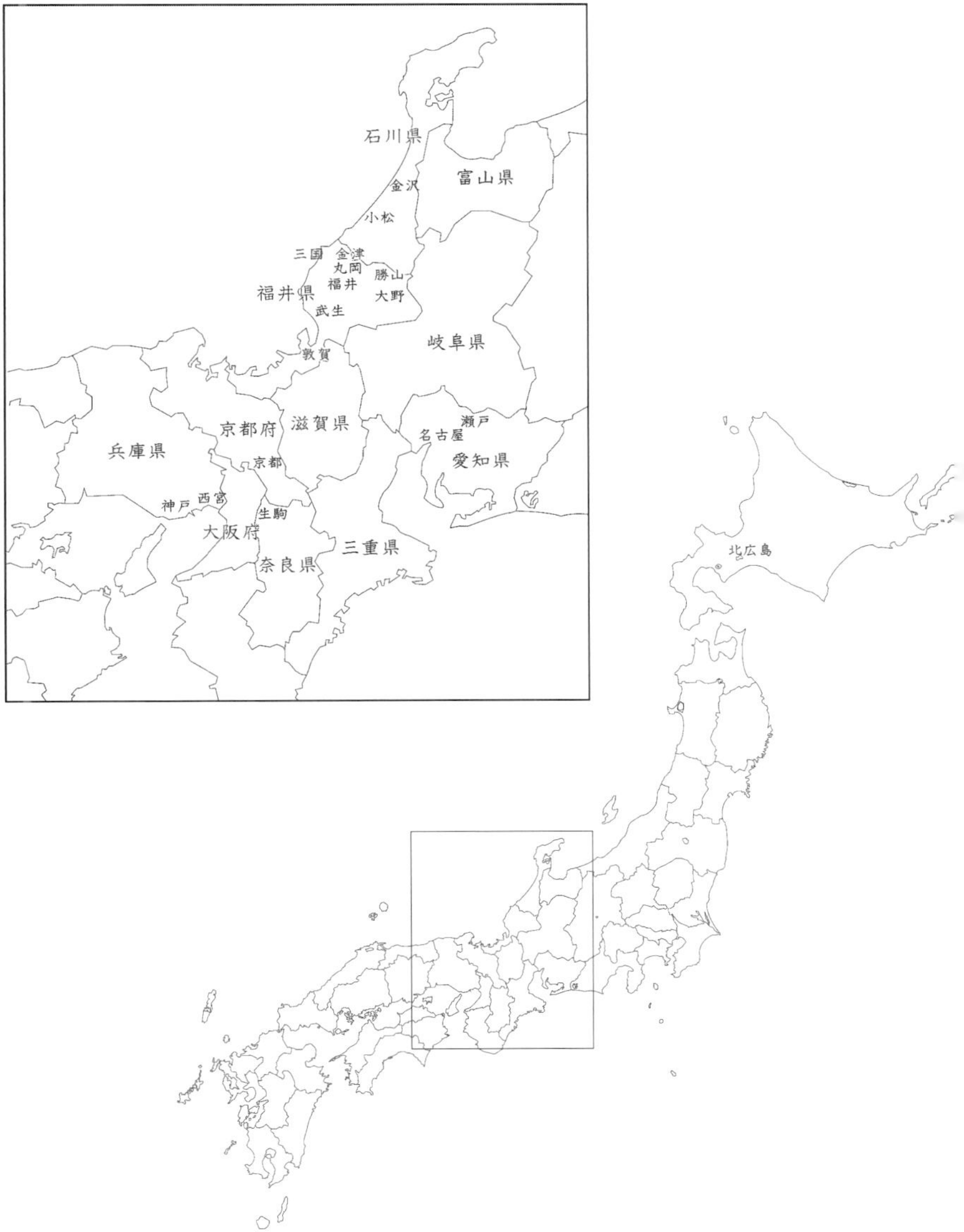
石川県
金沢
富山県
小松
三国
金津
丸岡
勝山
福井
福井県
大野
武生
岐阜県
敦賀
京都府
滋賀県
瀬戸
名古屋
兵庫県
京都
愛知県
神戸
西宮
生駒
大阪府
三重県
奈良県
北広島

関連地図1

フィンランド
スウェーデン
ノルウェー
リレハンメル
リューカン
オスロ
シー
ノートオッデン
スタヴァンゲル
フォッサン
サンネス
ヘルシンキ
ストックホルム
デンマーク
コペンハーゲン
ボーンホルム島

関連地図2

序章　中国から台湾、そして日本へ

戦火を逃れて

一九四九年、中国。共産軍の攻勢は、急速に激しさを増していた。銃弾は民間の外国人にも、容赦なく浴びせられた。北京市街の一角に宣教師館を設け、伝道に従事していたノルウェー人たちも銃撃をうけた。女性宣教師たちは、建物の下の方へと逃げ込み身をこわばらせた。

若きハーゲンが、八つ年上のベルゲとともにチャイナドレスを着て、背広姿のルドルフ宣教師らと宣教師館の前で写真を撮ったのは、北京に着いて間もないころだった。ハーゲンとベルゲの顔からは笑みがこぼれている。しかし、そんな平穏な日々は長くは続かなかった。国共内戦下で銃撃をうけたときの恐怖は、ずっと後になっても彼女たちの記憶の中にしまわれた闇の深みから、時として頭をもたげた。

花束を手にした二二歳のキーステン・ハーゲン（Kirsten Hagen）が、教会の人たちに見送られて祖国をあとにし、ニューヨークに向かったのは一九四五年のことだった。オスロ近郊の小さな

ノルウェーを発つハーゲン、1945年
（キーステン・ハーゲンさん提供）

◀北京の宣教師館前で、前列右ハーゲン、左ベルゲ、後列
左端ルドルフ、1947年（キーステン・ハーゲンさん提供）

9

町シー（Ski）のペンテコステ派サーレン教会は、彼女を宣教師として中国大陸に派遣した。教会の人たちは、出発前の彼女の写真を絵葉書にした。中国ははるかに遠く、もしかすると彼女は再び帰ることはないかもしれないと思われた。ハーゲンの名と「ＫＩＮＡ」すなわち「中国」と記した絵葉書を教会員に配り、彼女の無事を祈ることにした（二〇一六年六月一三日、ライラ・オデガード談、シー）。

ハーゲンは一年余りニューヨークの病院でアルバイトをしながら、英語と看護の勉強をした。ニューヨークを発ったのは一九四七年。パナマ運河経由で太平洋に出て中国に入った（二〇一五年六月一五日、キーステン・ハーゲン談、シー）。北京での宣教はせいぜい二年ほどであったろう。内戦の戦火を逃れてハーゲンたちは台湾に渡った。

ハーゲンたちの宣教団は、「スカンディナビアン・フリー・クリスチャン・ミッション」と称した。大陸から台湾に逃れたときの彼らの人数は、既婚の宣教師家族を合わせて十数人だったようである。

台湾に避難したのち、宣教師たちは、三、四人の小グループに分かれ、基隆《キールン》・台北・台中・高雄など、台湾の各都市に入った。ハーゲンのグループには、男性のハスピージュ宣教師とその妻、そして年配の独身女性バッケンがいた。彼らは台中の南に隣接する彰化に入り、八景山の麓に住んだ。

彰化の街は、日本統治時代の彰化銀行や彰化病院、優秀な台湾人子女が通った彰化高女などで知られる。彰化病院の大きな建物のすぐ近く、彰化街の中華路にキリスト教長老派の彰化教会があった。大陸から台湾に渡った国府軍（中華民国国民政府軍）の中に、ハーゲンたちの伝道で信徒となった軍人がいた。ハーゲンは彰化教会を訪ね、信徒たちの礼拝と集会のために教会を貸してほしいと頼むことにした。

姉妹との出会い

ハーゲンが彰化教会を訪ねたのは、一九四九年の初冬だった。あいにく牧師は不在だったが妻が応接した。招き入れられた奥の部屋には、夫妻の娘麗珍が伏せっていた。麗珍は彰化女子高中の二年生だったが、マラリアの発作で学校を休んでいた。

麗珍の母はハーゲン宣教師にお茶を出した。来客用の台湾茶を入れる綺麗な湯呑だった。その湯呑に脱ごうとしたハーゲンの上着が引っかかった。わずかな不注意で美しい湯呑を割ってしまったことに恐縮して、ハーゲンは何度も謝った。

麗珍の母は、「だいじょうぶ。だいじょうぶ。これは壊れやすいものだから、心配ない。」と優しく応じた。「そのことが私たち家族とミス・ハーゲンが親しくなるきっかけとなった。」と、麗珍は言う（二〇一五年八月一〇日、台南）。

ハーゲンたちは土曜日の午後に教会を借りることになった。そこに集まった人たちの様子が麗珍の回想からうかがえる。

あの時は、軍人と政府側（中華民国国民政府）の人たちが大方でした。あれは「お偉い方」って言うのでしょうか。そういう人たちが来ていたんです。父はけっこう顔なじみがあったようです。彰化にも大陸から来た軍人がたくさんいましたが、宿舎がないので小学校を接収して住み込んでいました。

ハーゲンは初めて教会を訪ねたとき、床に伏す麗珍に心を痛めた。「いつもね、学校にいると寒くなってね。寒いから学校にあるお湯の入ったやかんを抱くのですが、帰りなさいと言われて家に着くと高熱が出た。」と麗珍は言う。マラリアに罹《かか》っていると知ったハーゲンは、治療のために奔走した。

台北にいた北欧宣教団のグループと連絡をとり、台北の馬偕《まかい》病院で治療を受けることになった。馬偕病院の前身は、長老派のカナダ人宣教師によって淡水に建てられた滬尾偕医館《こびかい》（一八八〇年）である。一九〇〇年に台湾総督府の許可を受け、一九一二年に台北市内に馬偕紀念病院が落成した。

ハーゲンたちの宣教団は、台湾長老教会との伝道上の提携協力に力を入れていた。馬偕病院とのつながりもできていて、幸いノルウェー人医師が同病院の重職にあった。麗珍は早々に診察を受け、台北にいた北欧宣教団のグループが借りていた家から通院した。ハーゲンが教会を訪ねて数日後のことである。投薬によってマラリアは治ったが、服薬後二、三日は激しい嘔吐に襲われ起き上がれなかったという。

まもなくハーゲンは、教会の向かいに引っ越して来た。たまたま空き家があったので、彼女ひとり麗珍の家の近くに住むことにした。マラリアがすっかり良くなったころ、麗珍とすぐ下の妹麗娟《けん》は、「宣教師がいるから英語を習いに行こう。」と、彰化女子高中の友達も誘ってハーゲンの住まいに押しかけた。英語を教えてもらっているうちに、姉妹はハーゲンとすっかり仲良しになった。

日本留学の約束

麗珍と麗娟は、八人姉妹の次女と三女だった。小学生だった六女には、末の妹の子守りが言いつけられていた。放課後帰宅すると、六女は八女を負ぶって、すぐに向かいのハーゲン宅に駆けて行った。遊びざかりの六女は、ハーゲンに妹を預けたままどこかに行ってしまうことがしょっちゅうだった。その時のことを思い出しては、笑いながらハーゲンは、幾度となく懐かしそうに麗珍に語ったという。

学校の休みの日に、麗珍・麗娟姉妹はハーゲンと連れ立ってあちこちと出かけた。まだ日月潭《にちげつたん》を知らなかったふたりは、初めてハーゲンにつれて行ってもらった。緑濃い山に囲まれ、湖は満々と澄んだ水をたたえていた。山には色とりどりの花が咲く。生い茂る背の高い草から鮮やかな黄色の花びらがのぞき、見上げる高木の中ほどには赤紫の花が咲く。

ハーゲン宣教師と麗珍・麗娟姉妹の家族とは、とても温かい家族的な交わりができた。ところが、まもなくハーゲンたちの宣教団は日本へと移動することになった。台湾にはキリスト教の教会が多いから、むしろ日本伝道に力を注ぐのがよいとのことだった。

宣教団の日本伝道が決定した時、ハーゲンから麗珍・麗娟姉妹の父に、彼女たちの日本留学について相談があったと麗珍は語る。

ミス・ハーゲンがね、父と相談したの。私はこれから日本に行くから、日本の学校へ「珍」と「娟」を入れてもらえるように努力するから、つれて行かせてくださいと申し出がありました。

父もそれはいい、願ってもないことだと快諾しました。

父はね、伝道者で貧乏だったけれど、できるだけ勉強しなさいと励ましてくれました。なんとかして支えてあげるからと言ってくれました。

姉妹の父は、台南の教会で牧師を務めたころ、親しく付き合った長栄高等女学校の校長番匠鐵雄が、戦後引き揚げて名古屋の金城学院にいることを知っていた。長女麗華が長栄高女に入ったとき、番匠は同校の校長だった。「長老教会のミッションスクールであり、尊敬する番匠先生がいらっしゃる金城学院へ行かせたいというのが、父の意向でした。」と麗珍は言う。

ハーゲンが日本へ向かったのは、一九五〇年の早春だった。麗珍・麗娟姉妹とその家族は、基隆までハーゲンを見送りに行った。このとき日本に向かったのはハーゲン・ベルゲ・ミヨスら女性宣教師だったようである。ルドルフ一家が日本に着いたのは五一年であり、ハーゲンといっしょに彰化に入ったバッケンも五一年に日本に入ったとの記録があるから、大陸から台湾に逃れた北欧宣教団は、同じ年、同じ日にまとまって日本に移動したのではなかったことがわかる。

なお、番匠鐵雄が植村環校長のあとをうけて、台南の長老教女学校の校長に就任したのは一九三八年（昭和一三）一月だった。翌年長栄高等女学校と改称した同校の校長を四五年まで務めた番匠は、終戦の翌年四月に台湾から引き揚げている。戦後の長栄女子高級中学校の記録には、第三代植村環校長と並んで、第四代校長番匠鐵雄の写真が掲げられている（『長榮女子中学八十週年校慶特刊目録』、一九六八年）。

番匠鐵雄のこと

台湾から引き揚げた番匠は、四六年五月に名古屋の金城学院に副院長として招かれた。四月に引き揚げて翌月副院長に就任したことからみれば、引き揚げの時にはすでに金城学院副院長となることが約束されていたものと思われる。基隆まで見送りに行った麗珍・麗娟姉妹の家族は、当然そのことを知っていた。

金城学院大学資料室所蔵の「北陸学院名誉院長番匠鐵雄先生記念会」（一九九五年一月）の資料によると、番匠鐵雄（一八九七〜一九九五）は、石川県立第一中学校卒業後受洗して明治学院に進み、東京神学社神学専門学校を経て、一九二一年（大正一〇）に日本基督教会富士見教会伝道者となった。神学専門学校在学中に、生涯の師となった植村正久牧師と出会った。一九二二年から一六年間日本基督教会鹿児島教会の牧師を務め、一九三八年に台南の長老教女学校の校長となった。『金城学院百年史』（一九九六年刊）は、植村環校長の後任として番匠鐵雄が長老教女学校に赴任したと書いたあと、戦後復興期における「人事往来」の記録の中に「副院長番匠鐵雄の転任」の見出しで次のように記している。

一九五〇年九月二十日の臨時理事会において、北陸学院から院長として招聘された副院長の退職が承認され、九月二十五日送別礼拝を行い、別れを惜しんだ。（中略）

敗戦後台湾から引き揚げ、本校に着任して以来、最も困難な時期に院長市村を補佐し、学院の復興のためにあたってきた。彼は学院を去っても、評議員、理事、名誉理事として本校のために尽力した。

金城学院高校時代の麗娟（左）と麗珍（右）、1952年（加藤麗子さん提供）

ハーゲンが麗珍・麗娟姉妹を呼び寄せたのは五一年の夏だった。この年の二学期から、ふたりは金城学院高校の二年と一年の生徒となった。麗珍は、「私たちが留学したとき、番匠先生はもう金城にはいらっしゃらなかった。」と言う。

ハーゲンが名古屋に着いた時には、番匠はまだ金城学院の副院長職にあったが、彼女が番匠に会ったかどうかはわからない。ハーゲンは、「名古屋に着くと、真っ先に金城学院高校の校長を訪ねた。」と私に語った（二〇一五年六月一五日、シー）。

基隆を発ったハーゲンは、名古屋の金城学院高校を目指したのである。彼女が呼び寄せた姉妹は、基隆から門司を経て神戸に着き、列車で名古屋に向かっている。ハーゲンたちの宣教団は神戸とのつながりが強く、後々まで神戸に集まることが多かった。そして、彼女たち宣教団の伝道は、神戸・名古屋・京都・福井と、その周辺地域に限られ、関東とのつながりは当初ほとんどなかった。ハーゲンたちとは別に台湾を発ったルドルフ一家は、日本に着くと同時に京都に入っている。このようにみてくると、ハーゲンたちもルドルフ一家も、基隆から神戸に向かったと考えてよさそうである。

守山から瀬戸へ

金城学院高校を訪ねたハーゲンは、現在の名古屋市守山区（当時は東春日井郡守山町）にあった金城学院の職員宿舎に住むことになった。ベルゲとミヨスのふたりもいっしょだった。ここで一年余り過ごしたハーゲンは、五一年春に瀬戸市窯神に引っ越した。

ハーゲンが語るには、「開拓伝道地としてどこがよいかと当時いろいろと思案していて、愛知県の地名一覧を参考にして選んだのが瀬戸だった。」とのことである（二〇一五年六月一五日、シー)。ハーゲンとともに瀬戸で暮らした麗珍は、瀬戸が伝道地となった理由を留学との関連で次のように語る(二〇一五年八月一〇日、台南)。

ハーゲン先生は、私と麗娟を金城学院へ行かせるために、名古屋を伝道の地として選んだ。だけど、名古屋市内には教会がいくつもあるから、教会のほとんどない瀬戸の方がよいということだったようです。それに、尾張瀬戸なら私たちが電車通学できますから。

名古屋市内の白壁にあった金城学院高校への通学に便利で、しかも開拓伝道地として適した瀬戸に住まいを移したというのである。瀬戸駅のすぐ近く、窯神町の元医院だった空き家にハーゲンは引っ越した。

窯神から金城学院高校に通った麗珍は、「妹の麗娟が習った英語の佐藤先生は、ハーゲン先生と親しかった。」と言う。金城学院大学資料室所蔵の履歴文書に、当時の英語担当教諭佐藤裕の名がみえる。

佐藤裕は一九三四年(昭和九)に上智大学予科を修了していて、一九四一年に金城女子専門学校附属高等女学校教諭兼専門部授業嘱託となり、戦後の学制改革により金城学院高等学校教諭となった。履歴文書には、五一年九月から「デュヴック大学神学院」に留学し神学修士の学位を取得、五二年一〇月「審査通過」により翌年四月「金城学院大学短期大学部(二部)助教授(時事英語)」とある。同文書には「担任学科　高　英語」とも記されているので、高校の英語科も担当していたことがわかる。

ハーゲンが佐藤裕と親しかったのは、彼女が麗珍・麗娟の留学を依頼するために、金城学院高校の校長室を訪ねた時、佐藤裕教諭が通訳として同席していて、それが縁で付き合いがあったからである。

麗珍は留学先の学校について、次のように断言している（二〇一五年八月一〇日、台南）。

学校は東京の青山学院ではなくて、初めから名古屋の金城学院と決めていた。高校は白壁町、大学は大森。ハーゲン先生は白壁の金城学院高校を訪ねた。私たちの留学を受け入れてもらうための交渉に行ったのです。その時、校長の近藤先生と英語の佐藤先生に会って、私たちふたりの留学を依頼したそうです。

金城学院高校二年に編入した麗珍は、高橋よね教諭のクラスに入った。「高橋よね先生は台湾に来ていたんですよ。長栄高女の先生でした。だから、私、高橋よね先生のクラスに入れてもらったのです。」「生物の先生でした。」と麗珍は言う。

金城学院大学資料室が所蔵する高橋よねの履歴文書によると、彼女は一九三五年（昭和一〇）三月に東京女子高等師範学校（現・お茶の水女子大学）理科を卒業し、同年四月から三八年三月まで聖名高等女学校（鹿児島）に勤め、三八年四月から三九年八月まで青山学院高等女学校に勤めたのち、三九年九月に台南の長栄高等女学校に赴任している。

終戦の翌年四月に台湾から引き揚げた高橋よねは、同年九月二日に金城女子専門学校教授兼附属高等女学部教諭となり、一九四八年四月に金城女子専門学校教授兼金城学院高等学校教諭、次いで五〇年四月一日付で金城学院高等学校教諭となっている。なお、同履歴文書では、同じ日に金城学院大学短期大学部助教授（生物学）とも記されており、文書中に「兼？　資格？」の書き込みがみえる。おそらく高校教諭のまま短大の科目「生物学」を一時教えていたものと思われる。

瀬戸の窯神

かつて瀬戸電と呼ばれた名鉄瀬戸線は、名古屋と瀬戸を結ぶ動脈であった。窯業によって栄えた瀬戸は、東から西へと流れる瀬戸川を挟んで中心街を形成した。瀬戸川の左岸と右岸には、ほんのわずかな平地があって、その平地に南からも北からも裳裾を広げるように山が迫る。その裾に沿うように、瀬戸川の両岸一帯に陶磁器工場やガラス工場の煙突が林立していた。

瀬戸駅の東には瀬戸川をまたぐ広い通りがあり、左に折れると陶磁器の祖「民吉出生地」の碑が建っている。江戸後期に瀬戸村に生まれた加藤民吉は、天草を訪ね、肥後と肥前の磁器製造法を習得し、瀬戸窯の磁祖と呼ばれて窯神神社に祀られている。民吉出生地の碑のすぐ北側は丘陵地となり、美濃三河高原から木曽山脈へと続く。駅の対岸東方に市役所（一九五七年に追分町へ移転）や陶磁器陳列館があり、西方には商工会議所や陶磁器会館があった。

民吉出生地の碑の前は、深川神社・陶彦神社の参道へと続く商店街の入り口にあたる。そのすぐ北側に窯神町があり、陶祖を祀る窯神神社へと続く坂の付け根に、かつて開業していた斉藤医院の建物があった。ハーゲンが窯神の斉藤医院の建物に引っ越したころ、戦後の陶磁器産業は復興のピークにさしかかり、高度成長期の発展へと向かっていた。

ハーゲンが元医院だった建物に引っ越すきっかけになったのは、瀬戸高校のふたりの女子生徒の訪問だった。清水紀久子と加藤尚枝《ひさえ》のふたりが、金城学院の職員宿舎にハーゲンを訪ねた。紀久子は一九三三年（昭和八）生まれ、尚枝は彼女の同級生だった。紀久子の父は東大農学部附属愛知県演習林に勤務していたので、瀬戸市東松山町の職員宿舎に住んでいた。『東京大学職員録』（昭和二七年度版）には「園芸主任」、同「昭和二八―二九年度版」には「研究掛」として紀久子の父清水憲造の名がみえる。当時は職員宿舎の近くに陶生病院があった。その後同病院は

和服姿のキーステン・ハーゲン、瀬戸窯神、1951年（加藤麗子さん提供）

移転し、今は近くに市立図書館が建っている。尚枝は瀬戸の商店街に店を構えた資産家の娘だったという。

訪ねて来るようになった紀久子と尚枝に、「瀬戸で開拓伝道をしたい。」「住む場所を探したい。」とハーゲンが告げた。澄みきったサファイアに似た輝く目で、いちずに語りかける二八歳の北欧の女性宣教師に、ふたりは心をひかれた。「ハーゲン先生を訪ねた私と尚枝さんが、瀬戸へ来られるのを手伝った。」と紀久子は言う（二〇一五年八月一日、瀬戸）。紀久子と尚枝は、ハーゲンの家を探すために奔走し、空き家になっていた窯神の斉藤医院の建物を借りることができた。家を探すのには、ふたりの親たちの助力があったのだろう。

元斉藤医院の玄関はしゃれた洋風のこしらえになっていた。待合室も診察室も洋間だったから、来日間もないハーゲンの住まいとしてふさわしかった。

第一章　瀬戸伝道のはじまり

初めての訪問者

窯神町に引っ越したハーゲンを一人の若者が訪ねて来た。英語力を磨きたかった彼は、近くに外国人が住んでいることを知って訪ねたのである。

名は山口守といい、深川神社裏手の宮里町に家があった。家内工業の陶器屋の息子だった。両親と姉の四人暮らしで、高校の夜間部に通う守も家業を手伝っていた。

守は持てる英語力を駆使して、ハーゲンに来訪の意を伝えようとした。このときハーゲンは、その後四十年余の瀬戸伝道を決定づける出来事が、眼前の若者との出会いによって生じるとは夢にも思わなかった。

守が通う高校は、愛知県立瀬戸窯業高等学校定時制課程普通科であった。瀬戸窯業学校が新制の瀬戸窯業高校となったのは一九四八年（昭和二三）であり、同校に定時制課程普通科が開設されたのは一九五〇年である。守はその第一期生だった。

「瀬戸に外人がおるぞ。俺行って来たぞ。お前も行かんか。」と、守は同級生の磯部清二《きよじ》を誘った。清二は守より年長で一九歳になっていた。「何しに行くんや。」と清二が言うと、「英語を勉強しに行くんや。」と言う。

「山口守というのは、とても英語ができて数学もよくできた。すごく頭のいい男だった。」と磯部清二は回想する（二〇一五年八月一日、瀬戸）。

ハーゲン先生が名古屋に来られたのが昭和二五年ですから、瀬戸へはその翌年、私が窯業高校の二年生の時ですね。電話もない時ですからね、いきなり「Hello.」と言って行きました。ようあんな図々しいことができたものだと思いますが当時は若かった。

山口とふたりで訪ねると、ハーゲン先生は「Come on. Please come in.」と言って、たいてい会ってくれました。

山口といっしょに、ハーゲン先生のところで一時間ずつほど英語の勉強をはじめた。そのうち、先生が聖書を開いてイエスの話をされるようになった。そして、日曜日にこういう集会をやるから来ませんかと誘われ参加することになった。

守に誘われた清二は、そろばん塾で知り合った瀬戸高校の南光雄も誘うことにした。光雄は在日朝鮮人だった。記憶力抜群の秀才で、街の人たちの間では「瀬戸の二宮金次郎」と噂《うわさ》された。というのは、父の馬車引きを手伝いながら、いつも本を読んでいたからである。

そろばん塾の授業中に、清二と光雄は電柱の張り紙で見た英語塾の話をしていた。「御破算で願いましては」「千なり」「一千」と抑揚のある声が響く中、そっと後ろから抜け出して、懐中電灯を頼りにふたりで英語塾を探しに行った。

窯神町の西隣、西谷町に英語塾があった。田村塾と呼ばれていた。塾長は東京の大学を出て、GHQの通訳を務めたことがあるとのことだった。田村塾に通うようになった清二と光雄のふたりは、しばらくすると中学生たちに英語を教えるよう頼まれて、月謝をただにしてもらった。

ハーゲンの決意

瀬戸窯業高校定時制の守と清二、瀬戸高校の光雄の三人は、英語を通じて親しくなり、ハーゲン宣教師のもとに通うようになった。ハーゲンからイエスの話を聞いて、いちばん早く信仰の決心をしたのは守だった。ハーゲンは、「その若者が瀬戸窯神での最初の信者だった。」と私に話した（二〇一五年六月一五日、シー）。

キーステン・ハーゲンは、一九五〇年代に若者たちに紅茶とクッキーを振舞ったのと同じように、「もう一杯いかがですか。」と勧めながら山口守のことを語った。

敗戦後、彼は天皇に代わる絶対なるものを求めていました。それは彼にとって切実なものでした。その彼が最初の集会のときに突然倒れ、亡くなってしまいました。

そのことが、瀬戸での伝道に生涯をささげる決意を私にさせました。

その日の集会は、窯神町の元斉藤医院の一室で行われていた。六畳ほどの洋間に十人余りが集まっていた。祈祷の最中に守の様子に異変があり崩れるように倒れた。すでに息はなく心臓が止まっていた。

清二は「心臓麻痺だった。」と言う。とにかく守の両親に知らせなければということになり、清二と光雄のふたりが自転車で向かうことにした。途中ふたりは、どう言えばいいかと悩んだ。「まさか死にましたとも言えず、あの時はほんとに困りました。」と清二は言う。結局、「急に具合が悪くなりましたので、リヤカーを用意してすぐに来てください。」と伝えるのがせいいっぱいだった。この集会には、ハーゲンが窯神に引っ越すにあたって手助けした清水紀久子と加藤尚枝も参加していた。

新学年を迎えた守と清二が窯神の元斉藤医院にハーゲンを訪ねたとき、ふたりは高校二年生になっていた。守が亡くなったのは、ハーゲンが窯神町に引っ越して何日か後のことだから、五一年の四月下旬か五月初めと思われる。

磯部清二の古いアルバムには、一九五三年（昭和二八）一〇月の「愛窯高校夜間課程（瀬戸窯業高校夜間定時制課程のこと）修学旅行」と記された写真の真下に、山口守の葬儀に参列した先生と級友たちの集合写真が貼られている。年月日は記されていない。男子生徒は学生服、女子生徒のほとんどは比較的厚着でない私服を着ている。場所は陶器工場の小屋の前のようである。背後には、陶土の採掘場と思われる一本の立木もない殺風景な山の景色が広がっている。

「自由基督教会」

窯神のハーゲン宅でしばらく集会がもたれたあと、五一年中に陶本町四丁目の瀬戸家政学院の二階を借りて、「キリスト召会」の名で集会が行われるようになった、一一月一八日にはルドルフ宣教師を招いて家政学院の二階で瀬戸自由キリスト召会の献堂式が行われ、まもなく二階正面に「自由基督教会」の看板が掲げられた。

瀬戸自由基督教会の窓から顔を出す少年少女、1951年
（キーステン・ハーゲンさんのアルバムより）

瀬戸家政学院は、洋風の木造二階建てだった。正面玄関にはポーチがあって、道路に面して木の柵がめぐらされていた。ポーチは、しゃれた丸い屋根をもっていて、上部に学院名を記した板が取り付けられていた。この学院には、和裁科・編物科・料理科がおかれ、それぞれに普通科と自由科が設けられた。和裁と料理の普通科は一か年、編物は半年、自由科には期限がなかった。ほかに点茶なども教えていた。戦後の生徒数減少により、二階部分を貸すことにしたのであろう。

キーステン・ハーゲン所蔵のアルバムには、

家政学院の二階の窓から少年少女が群がって顔をのぞかせている写真があった。家政学院二階で集会が開かれるようになると、陶本町近辺の町々から小学生や中学生が集まるようになった。クリスマスやイースターには、とりわけたくさんの子供たちが参加した。

家政学院のすぐ近く、同じ陶本町四丁目に住んでいた中学生の加藤訓《さとし》も、しょっちゅう教会に出入りするようになった。「当時はテレビもなければ、これといった娯楽もありませんでしたから、物珍しさもあって中学生や小学生がたくさん集まって来たんです。」と、加藤訓は言う。高校生だった南光雄と磯部清二が、英語で語りかけるハーゲンの話を日本語で子供たちに伝えたとも彼は話す（二〇一四年一一月六日、瀬戸）。磯部清二と加藤訓のふたりは、のちにハーゲン宣教師を慕うもっとも忠実な信徒となった。

ハーゲンは家政学院二階での集会にとどまらず、野外伝道にも力を入れた。テント集会と呼ぶ伝道を戸外で催した。深川神社の前でもテントを張って伝道した。「当時はおおらかなものでした。神社の境内でキリスト教の伝道をしたからといって、邪魔する者はいませんでした。」と加藤は言う。あちこちの神社の前の広場を借りてテント集会が行われた。

テント集会に集まった人たちの中から、信仰の決心を伝えるものが現れた。初期のテント集会における決心者の氏名と住所の記録が残されている。それによると、決心者二六人のうち男一一人、女一五人で、二二人が瀬戸市内、三人が東春日井郡旭町（現・尾張旭市）、一人が愛知郡長久手村（現・長久手市）となっている。「瀬戸に働きに来ていた人もけっこうテント集会に来ていた。」というから、瀬戸市以外の決心者は、仕事で瀬戸に来ていた人たちであろう。

瀬戸市内に住む決心者の住所は次のとおりである。

追分町　田端町　平町　松山町　松原町　川北町　南山町　前田町　西蔵所　追分進陶町

北脇町　上水野　共栄通り　東権現町　上陣屋　市場町　須原町

右のうち、松原町に四人、平町に三人の決心者がいる。その他は一人ずつである。瀬戸中心部の町名とともに、市域西部の水野駅に近い松原町と平町に決心者が複数いることが特徴である。テント集会に集まった人たちで決心を伝える人は当初相当数あったというから、記録が残されているのはその後何度か教会での集会に参加した人たちと思われる。陶本町の家政学院の二階におかれた「瀬戸自由基督教会」は、しばらくして水野駅に近い現在地の南山町に移ったから、松原町と平町の決心者は、移転後に教会に通った人たちを記録した可能性がある。

窯神での暮らし

麗珍と麗娟は五一年九月から、名古屋城に近い東区白壁の金城学院高校に電車通学した。ハーゲンとの生活がはじまって一か月ほどたっていた。

ハーゲンは身の回りの世話をする女性をひとり雇った。「私たちは昼間学校に行くので、お手伝いさんが必要だったのです。来てくださった方が、お掃除をしたり食事を作ったりしてくれました。」と、麗珍の妹麗娟は言う（二〇一四年一一月六日、瀬戸）。最初は近くに住む八百屋のおかみさんで年配の女性、その後若い女性へと三人ほど入れ替わった。

窯神の元斉藤医院の建物は、風呂も便所も外にあった。「だから、夜なんかちょっとこわかったですよ。」と麗娟は話す。

伝道の費用は、ノルウェーの教会から援助があった。ハーゲンを送り出したシーのサーレン教会はもちろんのこと、ほかにもハーゲンの支援者がいてサポートがあった。アメリカにいた彼女の友人からも毎月五〇ドルほど送られてきた。それでも、時に生活費や伝道の費用が足りなくなることがあった。

「お金がなくても、ちっとも困った顔をしていない。」「ハーゲン先生はいつもそうでした。」「どうするのだろうと思っているると、どこからかお金が入る。」「不思議でした。」と、麗娟は話す（二〇一六年一月一六日、瀬戸）。

姉の麗珍は、高校・短大時代と卒業後の二年間をハーゲンとともに暮らした。麗珍は窯神での暮らしを振り返って、次のように語る（二〇一五年八月一〇日、台南）。

ハーゲン先生は、もう私と麗子（麗娟のこと）の母みたいな方です。当時先生は、まだ二十代の後半だったけれど、母がわりでした。

私たち、まだ高校生でしょう。親から離れて日本へ。誰も知らないところへ行ったのですから、ハーゲン先生だけが頼りだった。頼りにして日本へ行って、いちばん感動したのは、なんでも私たちを中心に考えてくださったことです。私たちふたりを自分の娘のように可愛がってくださった。

麗珍は短大を卒業して十年ほどのちに、在学時代の思い出をつづって、台湾から同窓会誌『みどり野』に寄稿していた。「敗戦国日本に留学」と題した彼女の文章は、『金城学院創立百周年記念文集　みどり野』（一九八九年刊）に再録されている。

高李麗珍の名で掲載されたその文章には、日本伝道に向かうハーゲン宣教師から父母に対して姉妹の日本留学の勧めがあり、両親は「ハーゲン先生に金城学院に入学の交渉を依頼」したとあり、続いて次のようにつづられている。

戦時中に学んだ小学生程度の日本語しか解らなかった私が、急に日本の高校生と学習するのは容易なことではありませんでした。殊に生活様式も異なり、父母も側に居なかったためいろいろな苦しみに合いました。特に雪の降る寒い冬の電車通学は大変でした。けれどハーゲン先生が親代わりになってお世話をして下さり、又学校の先生方や友人達が親切に励まして下さいましたので、ハーゲン先生の瀬戸での開拓伝道を手伝いながら、無事に四年間の高校と短大生活を送ることが出来ました。

そして彼女は、高校時代（一九五一年九月～五三年三月）の先生たちを思いだしながら、「白髪のやさしくて崇高な市村院長先生のお姿が印象的でした。いつも自ら先に挨拶される先生の謙虚な態度がしのばれます。」「級担任の高橋先生（高橋よね教諭のこと）は私をよくいたわり、励まして下さいました。」と記している。

初期の受洗者

晩年を故郷のシーで穏やかに過ごしたハーゲンは、一冊の古いアルバムを大切にしていた。アルバムの最初のページには、右から左に「大阪毎日新聞飛行機上より見たる瀬戸市」と印刷された写真が貼られている。次ページには「瀬戸自由基督教会」献堂式に出席したルドルフ宣教師と瀬戸家政学院の写真があり、三ページ目に当日の集合写真二枚、四ページ目に写真館で撮ったと思われるハーゲンの華やかな和服姿の写真がある。

そして、五ページ目から彼女の導きで受洗した人たち四〇人の写真が氏名と日付を英文で記して貼られている。この四〇人のうち、一九五二年（昭和二七）の受洗者は一七人である。その中に麗珍・麗娟姉妹と、南光雄・加藤尚枝・清水紀久子・加藤訓・磯部清二の名がみえる。清水紀久子・加藤尚枝・加藤訓の受洗日は五二年七月二〇日、麗珍・麗娟姉妹と磯部清二は八月一七日、南光雄は九月二一日と記されている。

ハーゲンの開拓伝道で築かれた教会（瀬戸サレム教会）の記録によると、五二年七月二〇日の受洗式は品野町岩屋堂（現・瀬戸市）、八月一七日は福井県武生、九月二一日は高蔵寺町鹿乗（現・春日井市）で行われた。七月が九人、八月三人、九月は五人の受洗者があり、氏名と住所が記されている。岩屋堂は鳥原川、鹿乗は水野川でのルドルフ宣教師による受洗であった。武生は原牧師との記載があり、ハーゲンのアルバムには洗礼槽に立つ麗珍の写真が貼られている。全身を水に沈めて立ち上がるペンテコステ派の洗礼、すなわちイエスの死と復活をあらわす洗礼式が

自転車に乗るキーステン・ハーゲン、瀬戸南山、1955年
（キーステン・ハーゲンさんのアルバムより）

行われた。

ところで、右の「教会記録」には、麗珍・麗娟姉妹の住所が「瀬戸市南山町七三の九」と記されている。ハーゲンが南山に教会敷地を求め、宣教師館が建てられたのは一九五五年だった。麗珍・麗娟姉妹が受洗した五二年には、まだ彼女らは窯神の元斉藤医院だった借家に住んでいた。「教会記録」の受洗者名簿は、のちに取りまとめられたようであり、受洗者の住所は受洗者名簿作成時の現住所が記入されたようである。

ハーゲンのアルバムには、最後のページに南山の教会敷地で自転車に乗る彼女の写真と、新築された宣教師館の写真が貼られている。ワンピース姿のハーゲンの後方彼方には、煙を吐く幾本もの煙突が写っている。

南山の東、瀬戸市東部には、陶器工場の煙突が立ち並んでいた。宣教師館の写真は、竣工まもなく撮影されたものであろう。周りには何も建っていない。

瀬戸市西部の丘陵地帯は、五一年五月までは水野村だった。南山の地はかつて今と呼ばれ、大正末期まで水野村の南西に隣接する旭村に属していた。旭村の一部が瀬戸町ついで瀬戸市となり、今の一部が南山町となったのは、終戦前だったが、戦後もかなりの間、南山の教会敷地周辺はまったくの野山だった。ここに電気を引き、宣教師館を建てて引っ越すまでがハーゲンの瀬戸伝道草創期にあたる。宣教師館の設計と施工は、神戸の須磨にいたノルウェー人宣教師ソルボールが手がけた。ハーゲンと同じく中国大陸に派遣されたソルボールは、台湾を経て五一年に日本に入ったとの記録がノルウェーに残っている。

初期信徒点描

「原さんは大工さんの娘さん。ぼくらと同い年ぐらい。」と、加藤訓は言う。瀬戸市田端町に住んでいた彼女は、一九五二年（昭和二七）七月に品野の岩屋堂で洗礼を受けた（瀬戸サレム教会所蔵資料）。「同じ時に受洗した宇佐美さんは、明治屋の若い女性の店員さんだった。」と加藤麗子は言う（二〇一七年二月二日、瀬戸）。

明治屋は名古屋の栄町《さかえまち》にあった。食品関係の輸入品を扱っていた。輸入食品は、当時は名古屋市内まで行かないと手に入らなかった。ハーゲンは明治屋へよく買い物に行ったという。瀬戸から買い物に来る若い女性宣教師と親しくなった宇佐美は、彼女に導かれて信徒となった。

ハーゲンは、チーズやバターなどを神戸まで買いに行った。自分でパンなどを作っていたというから、明治屋では手に入らないノルウェーの食材を求めて神戸まで行ったのであろう。神戸まで行けば、彼女のほしいものが手に入った。

「宇佐美さんの妹さんはうちの方へメイドに来たの。」と麗子は言う。瀬戸の窯神に住んだハーゲンは、「お手伝いさん」を雇った。何人か入れ替わったうちのひとりで、少し長く窯神のハーゲン宅で働いた。「妹が家で遊んでいるから使ってあげてほしいということだった。」と麗子は言う。「終戦後は仕事がなかったから、お手伝いさんもすぐに雇えたんです。」と、横にいる夫の訓が当時の状況を説明した。

南光雄が受洗した五二年九月二一日には五人が受洗していて、そのうちの二人は光雄の友達だったという。翌五三年には小池富雄ほか七人が受洗している。当時高校生だった小池はのちに牧師になった。五三年の受洗者八人のうち、阿南は家政学院二階の教会で結婚式を挙げた。藤井は保育園の保母。鏡逸は旭町の文房具屋の主人で、ハーゲンが南山町に購入した教会敷地は彼の土地だった。

五四年には中條ほか五人が受洗した。中條は高校卒業後に一時東京の聖書学校へ入ったが、途中でやめて青山学院大学を卒業した。大使館や新聞社勤めなどを経て、高校の英語の教師になった。

「井上さんは針仕事で生計を立てていた。小児麻痺にかかって足が不自由だった。男のひとです。」と加藤夫妻は言う。「井上さん宅で家庭集会を行ううちに参加したのが松本さん。」「松本さんも身体に障害があり、洋裁で生計を立てていた。松本さんは女のひとです。」と話す。麗子は松本によく洋服を作ってもらったという。

当時ハーゲンは、信徒宅で家庭集会を頻繁に催した。母子家庭だった山下宅でも家庭集会が行われた。近所の人たちが集まったという。

「中泉さんは陶生病院に入院していた。あの頃は結核患者が多くて、結核病棟をよく訪問しました。大目に見てくださったので病棟で集会をしました。」と加藤夫妻は言う。「久保さんは長野から瀬戸に仕事に来られた方。」「あの頃は方々から来られた。瀬戸にはわりあいに簡単な仕事がたくさんありますからね。人手不足の時代だったから働きやすかったのかな。」と話す。

「この東さんは、いちばん上のお兄ちゃん、警察官になったばかりだったと思う。」と麗子は言い、「弟さんはぼくより二つ下で、陶生病院の近くに家があった。」と訓は言う。三人の兄弟はみんな警察官になった。教会の記録では、「品野・岩屋堂」「昭和三一年七月一日」の受洗者の中に東兄弟の長兄の名がみえる。

陶磁器の街の発展

瀬戸は陶磁器の街として有名である。瀬戸市の戦後復興は、陶磁器の生産回復によって進んだ。39頁の図1～3は、シンポジウム「Miss. ハーゲンと瀬戸」特集号の『日本近現代史研究』第五号（二〇一六年四月、大谷渡編集発行）から転載した（相良真理子「窯業の街瀬戸の景観――戦後復興期から高度成長期にかけて」）。図は、瀬戸市中心部における一九五〇年代の陶磁器工場の増加と規模の拡大状況を示している。

五〇年代前半は、ハーゲンが瀬戸市中心部の窯神町と陶本町に拠点を置いて開拓伝道をはじめた時期にあたり、後半は南山町に宣教師館と教会を建てて瀬戸市内での宣教活動を本格化させた時期にあたる。

一九五〇年（昭和二五）には、一〇〇人以上の労働者を雇用する陶磁器工場は三社だったが、五六年には九社に増加し、六〇年には一四社に増加した。五〇年の三社はいずれも労働者二〇〇人未満の工場だったが、五六年には九社のうち二〇〇人以上が四社、六〇年は一四社のうち三〇〇人以上が四社、二〇〇人以上が五社となっていて、急速な大規模化の様子がみてとれる。しかも、図1〜3によって、五〇年から六〇年にかけて小規模な陶器工場が著しく増加したことがわかる。

陶磁器製品には、食器・装飾品・玩具・碍子《がいし》などがあった。装飾品や玩具は「ノベルティー」と総称され、人形や鳥など細部まで着色された美しい置物が作られ、主として欧米諸国に輸出された。そのほか、電線を固定する碍子など、皿・椀・壺などとは違って、一般には瀬戸物として思い浮かばない陶磁器製品もあった。

陶器工場のほかに、ガラスやレンガを製造する工場もあった。機械工場や薬品工場もあったが、

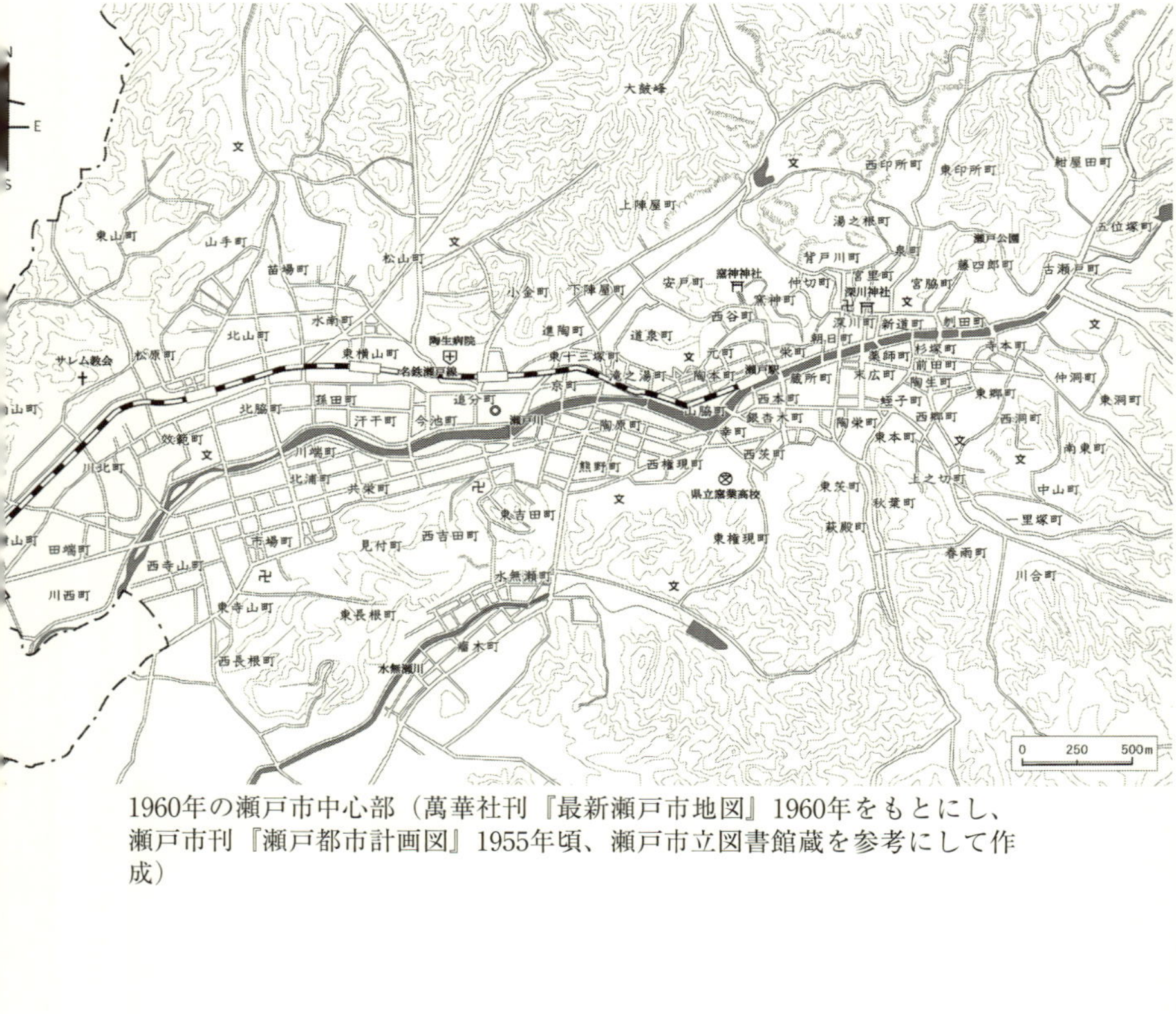

1960年の瀬戸市中心部（萬華社刊『最新瀬戸市地図』1960年をもとにし、瀬戸市刊『瀬戸都市計画図』1955年頃、瀬戸市立図書館蔵を参考にして作成）

瀬戸市中心部における規模別陶磁器工場分布の変遷

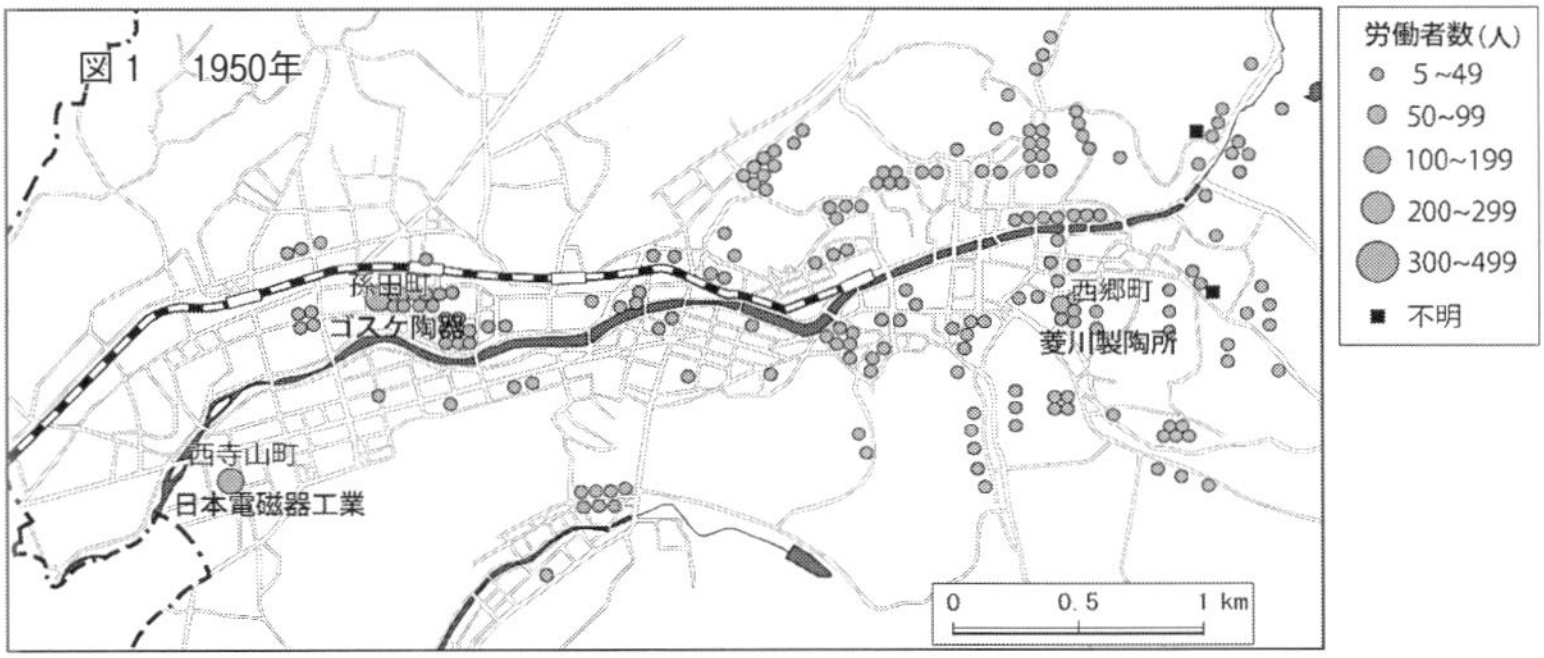

通商産業省編纂『昭和25年版全国工場通覧』（工業新聞社刊、1949年）から作成。

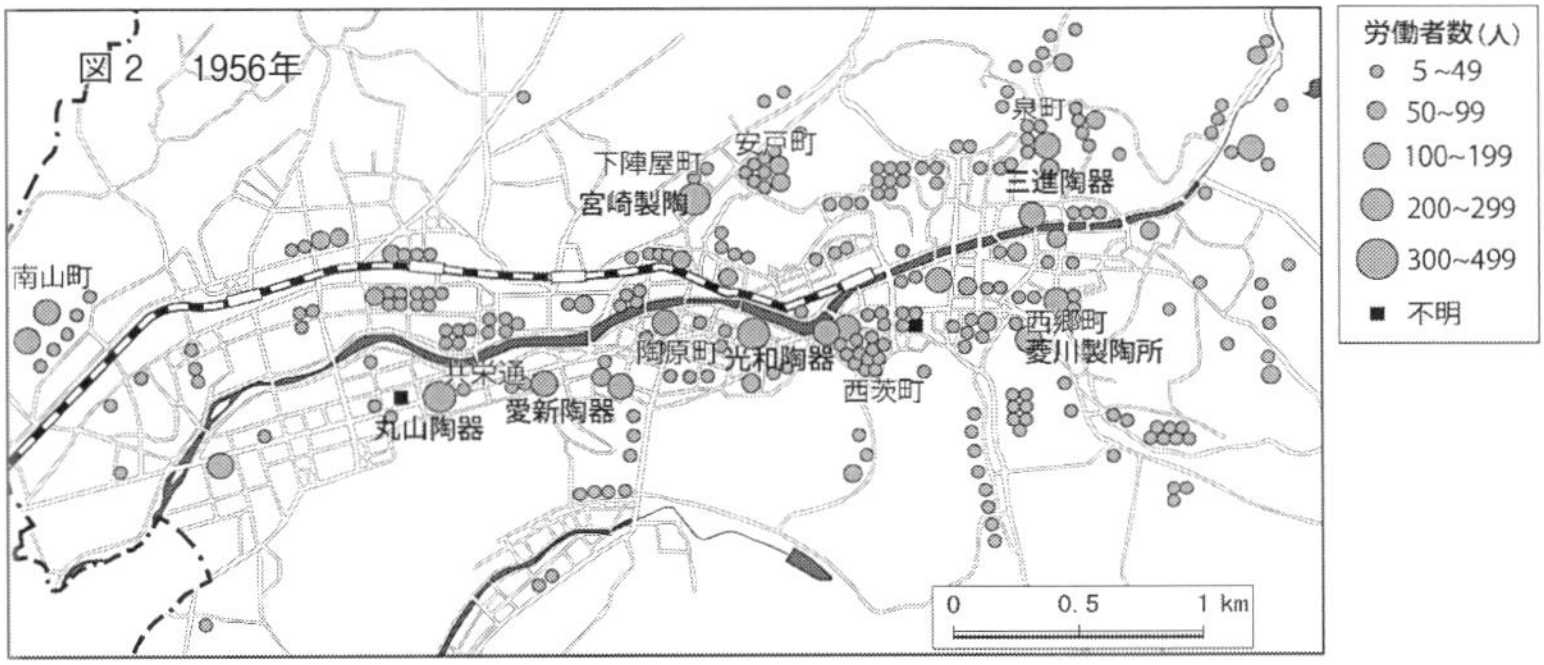

通商産業省編纂『昭和31年版全国工場通覧』（工業新聞社刊、1955年）から作成。

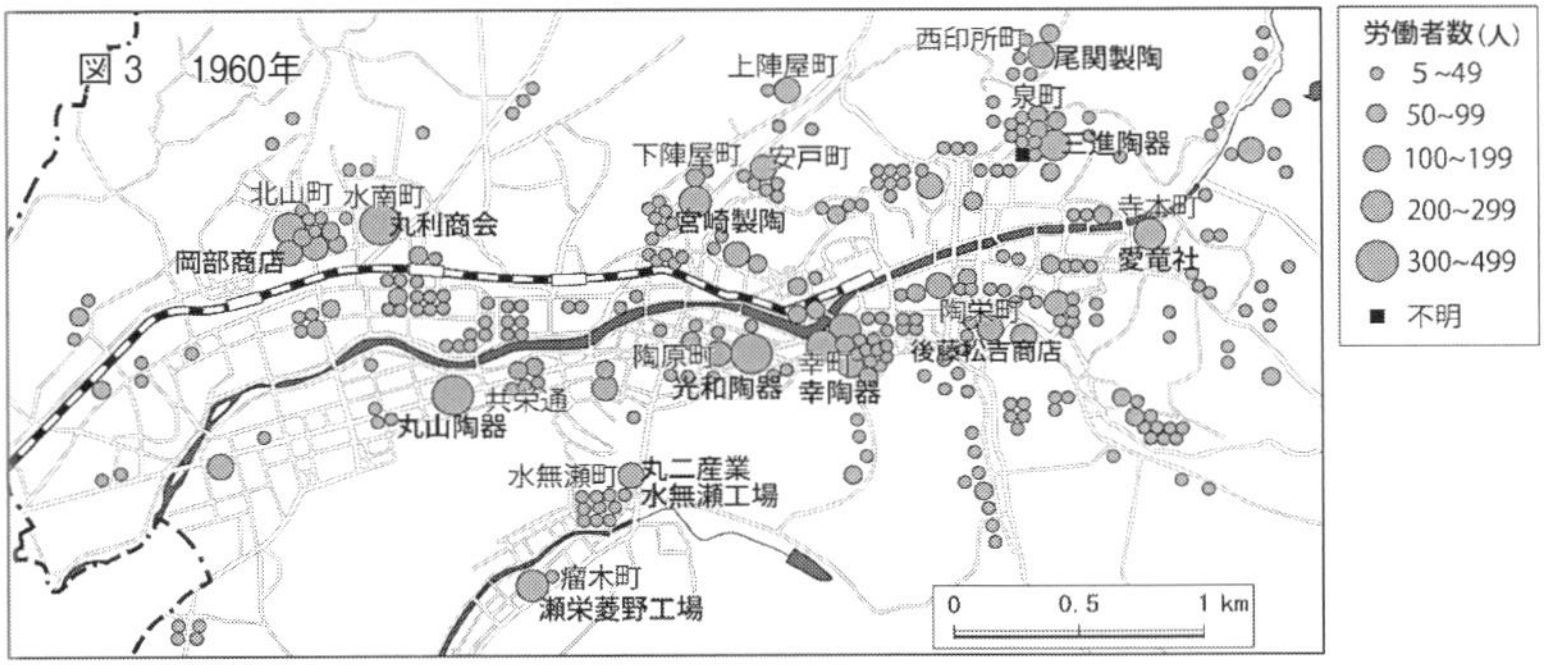

通商産業省編纂『1960年版全国工場通覧』（工業新聞社刊、1959年）から作成。
図1～3の作図には、『最新瀬戸市地図』（萬華社刊、1960年）及び『五万分一地形図瀬戸』（地理調査所刊、1951年）、『二万五千分一地形図瀬戸』（地理調査所刊、1947年）などを用いた。

生産される機械や薬品は陶器工場に必要なものであった。陶土製造工場をふくめ、瀬戸の工場のほとんどは陶磁器生産工場であるか、もしくは陶磁器工場にかかわるものを製造する工場だったといってよい。

五〇年代後半からの日本経済の高度成長期に、瀬戸の窯業は大いに発展した。生産の拡大にともないより多くの労働力が必要となった。瀬戸市周辺の他県からの出稼ぎ労働者が増えるとともに、瀬戸は遠く九州などからの集団就職の受け入れ地ともなった。

生産の拡大にともない、石炭窯から立ち昇る黒煙によって大気が汚染された。深刻化する大気汚染と、衛生的でない工場の労働環境によって健康を害する人びとも増加した。結核や珪肺《けいはい》対策は、保健所の喫緊の課題であった。

五〇年代から六〇年代にかけての瀬戸は、まだ古い環境を残しながらも、経済発展にともなう活気と、生活環境の悪化がごっちゃ混ぜになって渦巻く転換期を迎えていた。深刻化する環境問題への対策も、新しい街づくりへの取り組みも、六〇年代に本格的にはじまった。水道が整備され、住宅開発が進行したのもこの時期だった。

ハーゲン宣教師は、戦後復興期の瀬戸にはじめて入り、この街が高度成長へとさしかかる中で開拓伝道に取り組んだ。終戦と戦後復興、そして高度成長へと変貌する瀬戸の街を視野に入れることによって、はじめて彼女の周りに集まった人々とその時代がみえてくる。

第二章　神の子らの肖像

清二の終戦

清二は、終戦の年の四月に旧制中学校に進学した。四年生のときに父方の叔母夫婦に引き取られた彼は、名古屋市中川区の正色《しょうしき》国民学校に通った。「小学校だったよ。」と磯部清二は言うけれど、一九四一年（昭和一六）の国民学校令によって正色小学校尋常科は、彼が転校した時にはすでに正色国民学校初等科と呼ばれていた。

正色国民学校の校区には、漁業で生計をたてる家が多かった。海で漁を終えた漁船が庄内川を上がってくる。叔母の夫は、庄内川の堤防のすぐ下に鉄工所をもっていた。ポンポン蒸機のエンジンを作ったり、修理をしたりしていた。住家は堤防を上がったところにあった。船が庄内川を上がってくると、「漁師たちが活きた魚を持ってくる。エビでもなんでも、だから魚に不自由しなかった。」と磯部は言う（二〇一五年八月一日、瀬戸）。

漁師町の子供たちは、ほとんど中学に進むことはなかった。勉強よりも家の手伝いが優先された。だから清二の成績は、いつもクラスのトップだった。実子のなかった叔母夫婦は、清二の進学を勧めた。養子縁組をした成人の息子がいたが、まもなく召集されて戦地へ行った。叔母夫婦は、勉強のできる清二に鉄工所を継いでほしいと期待した。「だからぼく、居候だったけれど機械科に進むことにした。」と言う。

六年生のクラス担任は中川中学校への進学を勧めた。推薦の願書を持って、清二が中学校へ行ったのは二月だった。立派な校舎が建っていた。だが四月になって入学式に行くと、校舎は燃えてなくなっていた。

名古屋市の市街地は、三月の二度の空襲で壊滅状態になった。一二日の名古屋大空襲は、B29二八五機による午前〇時一九分から三時一七分にかけての焼夷弾攻撃であった。中区を中心に中川区・栄区・昭和区・熱田区に大きな被害が生じた。三月一九日は、B29三一〇機によって午前二時四分から四時四八分にかけて大量の焼夷弾が投下され、栄区・中区に最も大きな被害が生じ中村区の被害がこれに次いだ。中川中学校は、三月一二日のB29多数機による夜間焼夷弾攻撃によって全焼した（『新修名古屋市史』第六巻、二〇〇〇年）。

入学後は教科書もないもんで、わら半紙のようなものにみんな写したりなんかして勉強した。そのうちお百姓の仕事ばっかりになった。学校へ行くと、運動場をぜんぶ耕して、トウモロコシとサツマイモをつくりました。

「勉強なんかほとんどなかった。」と、磯部清二は言う（二〇一七年二月二〇日、尾張旭）。

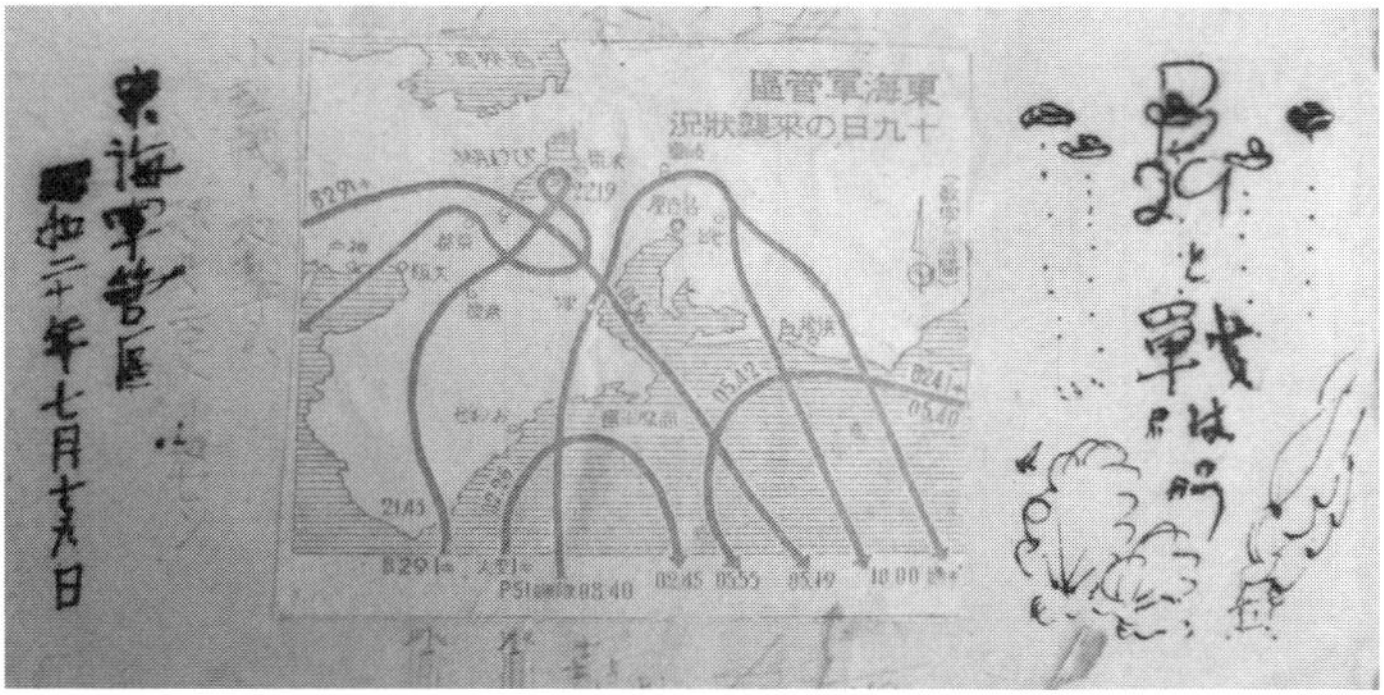

『中部日本新聞』の切り抜きと清二の絵、1945年（磯部清二さん提供）

一三歳の清二は、四五年七月の『中部日本新聞』のいくつかを切り抜いて、小さなざら紙に貼り付け、文字や絵を描きこんでいた。『中部日本新聞』は、四二年の新聞統合により、『新愛知』と『名古屋新聞』の二大紙を統合して発行されていた。

七月二〇日作成のページには、「東海軍管区　昭和二十年七月十九日」と記し、「B29来襲状況」を報じた『中部日本新聞』の切り抜きを貼付した横に、「B29と戦はう」と書き込んだ絵を描いている。七月二一日には「昭和二十年七月二十日敵機来襲状況」と記し、これを報じた切り抜きを貼り、その横に「P51と戦はう」の絵を描いている。

次ページには、「待避壕へ走る子供を小型機が狙ひます」と書き込み、逃げ惑う子供たちと十数機の戦闘機を描いている。中学一年生の清二が見聞きした機銃掃射の場面を描きとめたのであろう。

『中部日本新聞』七月二六日付の切り抜きは、「不逞、

敵艦隊又も接近　潮岬を艦砲射撃」「艦載機六百数十機来襲　東海、中部軍管区を攻撃」の見出しがはみ出すように貼られている。七月末まで切り抜きは続き、糸で綴じられたざら紙の最後に、「名古屋市中区西川端町一ノ五　中部日本新聞会館　外地残留名簿調査係」と記し、「満州第七四八軍事郵便所気付　満州第二六三九横田隊　磯部勇」と記されている。これは終戦後に書き込まれたものである。「磯部勇」は清二の叔父である。叔父の消息を尋ねようとしたという。

四五年八月一五日、「学校に集まれ。」との連絡を受けた清二は、中学校の焼け跡で終戦の玉音を聴いた。

瀬戸の陣屋へ

清二をかわいがった叔母の夫「木村の叔父」は、終戦後まもなく突然亡くなった。しばらくすると、戦死と思われていた叔母夫婦の養子が復員した。食糧難の時代だった。いよいよ清二は、木村家には不要な「居候」となった。二年生になる前に、中川中学校を中退することになり、「木村の叔母」の妹、すなわち清二の育ての親のもとにかえされた。

岐阜の大垣に生まれた清二は、小さいときに父の二番目の妹にもらわれた。ひとり身だった叔母は、父の実家の静岡でとんかつ屋を営んでいた。店は繁盛していた。この叔母が清二の「おふくろ」となった。清二は「おふくろ」と祖母にかわいがられて育った。「ぼく、お坊ちゃまだった。」と磯部は話す。

ひ弱な子だった清二は、低学年のときは学校を休みがちだった。大火のときも家にいた。一九四〇年（昭和一五）一月一五日の静岡の大火のときである。このとき静岡市は、官庁街を除き繁華街・住宅街の五千二百戸以上が焼失した。遠い幼き頃の大火とその後の光景は、長い記憶の糸をたどってきれぎれに浮かびあがる（二〇一五年八月一日、瀬戸）。

ほかの子供たちは小学校へ行っとって、親とばらばらになった。ぼくは、おふくろが雇っていた女中さんに手を引っ張られて逃げ回った。

家が焼けちゃったもんで、大垣の実の父母のもとにいったん身を寄せたあと、岐阜市にいた父の弟のところに祖母といっしょに移り、しばらくしてぼくだけ大垣の父のところにもどされた。大垣の家には、子供がたくさんいた。

みんな本当の兄弟なんだけれど、まったくなじみがなかった。半ズボンをはいたお坊ちゃまみたいなのが突然来たもんで、兄弟たちにいじめられ毎日泣いて暮らしていた。

かわいそうに思った祖母は息子や娘と相談し、清二は名古屋の「木村の叔母夫婦」に預けられた。「木村の叔母は一番やさしかった。」「おふくろは、ぼくのためにいっしょうけんめい働いた。」と、磯部は言う（二〇一七年二月二〇日、尾張旭）。

終戦の翌年、「おふくろ」のもとに帰った清二は、祖母と三人瀬戸で暮らすことになった。瀬戸市の共栄通りに「瀬戸自動車」というタクシー会社があって、そこの社員寮に住まわせてもらった。静岡の大火で家を焼かれて以来の三人いっしょの暮らしだったが、社員寮は共同生活だったし、なにより終戦後の食糧難で食べるものがなくてたいへんだった。自動車会社の敷地を畑にして、いろんなものを作って食べたという。

戦後の混乱がやや落ち着いた頃、自分たちだけで住む家を探し陣屋町に移った。引っ越した住まいは、六畳一間の長屋だった。清二の「おふくろ」は暮らしをたてるため、北陸片山津の温泉旅館に出稼ぎに行った。仲居として働いたお金を清二と母のために仕送りしたのである。

瀬戸窯業高校時代の磯部清二、1952年（キーステン・ハーゲンさんのアルバムより）

清二は「瀬戸自動車」の自動車修理の仕事をしながら勉強を続けた。長屋の六畳一間に机はなかった。ミカン箱に風呂敷をかけて机がわりにした。新制の瀬戸窯業高校に定時制が開設されたとき、清二は検定試験をうけて新制中学修了の資格を取得し、同校夜間定時制課程に進学したのである。

終戦後昭和二十年代の日本では、新制の高等学校へ進学する者はそんなに多くはなかった。たとえば一九四九年の大阪府内の新制中学校卒業生のうち、四〇パーセントを超える者が進学しなかった。しかも、高校へ入った者のうち二三・五パーセントは定時制への進学だった。高校へ行きたくとも夜間定時制高校が近くにないために進学できない者も多かったのである。高校進学希望者のために、大阪市近郊の郡部地域に、大阪府教育委員会が定時制高校の新設を急ぐような時代だった（拙著『大阪河内の近代』東方出版、二〇〇二年）。明治以来大工業都市として発展した大阪市近郊にあってすら、当時はこのような進学状況だったのである。

清二が高校三年生のとき、瀬戸市の西に隣接する旭町（現・尾張旭市）の三郷に、三四坪の土地を「おふくろ」が見つけてきた。「おふくろ」は片山津で働いて貯めたお金でその土地を買うことにした。清二は高校の同級生で大工だった友達に、「おれの家を建ててくれんか。」と頼んだ。友達は「一万円を手間賃としておれによこせ、あとは材料費だ。」と言って引き受けた。十何万かで、六畳一間、三畳一間の家が建った。

「新しい家に木村の叔母が来てくれて、ぼくの面倒をみてくれた。」と清二は言う。戦地から帰った養子が結婚したので、血縁のない姑はいらないということでもあったらしい。狭い家に四人は暮らせないので、清二の「おふくろ」は、また片山津に出稼ぎに行ったという。

大学へ進学

一九五四年三月、瀬戸窯業高校夜間定時制を卒業した清二は、同年四月に南山大学夜間部の英語学英文学科に進学した。大学進学を決めたいきさつを磯部は次のように語る（二〇一五年八月一日、瀬戸）。

瀬戸で伝道していたハーゲン先生に、米軍キャンプの建物が払い下げられた。甲子園にあった建物を瀬戸の南山町に移築するため、みんなといっしょに、ぼくも奉仕作業に行きました。神戸へ釘抜きに行った時は、まだ高校生だった。帰って来て病気になっちゃってね。雨に打たれたりして、疲れて、めちゃくちゃ働いて、病気になっちゃった。

病気で寝とるうちにいろいろ本を読んで、大学へ行きたいと思った。

翌年、自分で願書をもらいに行って受験し合格した。

大学へ通うようになってしばらくすると、「事務を手伝ってほしい。」とハーゲンに頼まれた。高校時代からの自動車修理の仕事は辞めて、教会に来てほしいとのことだった。宣教事務の仕事には給料が支払われた。

「何千円かいただきました。最後の頃は一か月七千円ぐらいでした。当時は一万円も給料もらっている人はいなかったものね。よかったんです。」と磯部は言う。彼の給料は、ノルウェーの教会からハーゲンに送られてくる伝道支援金から支払われた。

昼間はハーゲン宣教師のもとで、ノルウェーシーのサーレン教会へ送る決心者・受洗者に関する書類や会計報告書などを英文で作成した。その他日本語による伝道上のさまざまなプリントを作成するなど、ほとんどの事務を彼がこなした。

一日の仕事を終えると急いで電車に飛び乗り、一時間かけて大学へ通った。在学中には英語の教師になろうと考え教職課程をとった。卒業前に愛知県の高校教員採用試験に合格したものの、当時は赴任先の空きがなくて、五八年三月の卒業後は中学校の講師を務めながら、自宅で英語塾を開いていた。

しばらくすると、彼の塾にひとりの社会人が英語を学びにやって来た。名古屋の貿易会社井元産業に勤める加藤勤と名のる男性だった。この男性との出会いが、磯部清二のその後の人生の扉を開いた。

井元産業の社長は井元啓太といった。海軍士官だった社長は、社員がもたついていると、「味噌汁で顔を洗って来い。」と気合を入れるような剛毅な男だったと磯部は言う。この社長が英語のできる若い者を求めていた。磯部が面接に行くと、社長が待っていてくれた（二〇一七年二月二〇日、尾張旭）。

井元産業に就職した磯部は、イランやイラクへの瀬戸の陶磁器輸出に携わり、さらにデンマークのバイヤーとの取引をきっかけにノルウェーへの輸出に携わった。仕事で頻繁にノルウェーへ行くことになった磯部は、ハーゲンから使いを頼まれることが多くなった。「ハーゲン先生は、使いを頼めることをことのほか喜んでくれた。」と磯部は言う（二〇一五年八月一日、瀬戸）。

井元産業に就職後の一九六〇年一一月に、磯部清二と清水紀久子のふたりは結婚した。清二は南山大学、紀久子は金城学院大学の学生時代から、七年間の文通を経ての結婚だった。ふたりをめあわせたのはハーゲン宣教師である。「ぼくは親の縁が薄いんですよ。」と磯部はしみじみと回想するのだが、実はハーゲンとの出会いによって、彼は人生にかけがえのない「導きの親」を得たのだった。

光雄は日本統治下の朝鮮慶尚北道青松郡梅洞で生まれた。本名は南碩煥《ナムソックァン》。南光雄《みなみみつお》は通名である。父は南在植（別名月逢）、母は趙鳳岐といった。出生届の生年月日は、一九三三年（昭和八）六月二五日である。生まれて数か月後、光雄は母に抱かれて父が待つ瀬戸に向かった（二〇一七年二月二〇日、妻南弘子談、瀬戸）。

朝鮮での生活は貧しかった。父は生計を立てるため九州に渡航しわずかの期間働いたのち、瀬戸に移って妻子を呼び寄せた。瀬戸には陶器工場やガラス工場が多い。簡単な肉体労働の働き場所を見つけるのに不自由はなかった。

光雄の父が瀬戸に移ったころには、すでに相当数の朝鮮人が働いていた。それより少し前の統計では、瀬戸の朝鮮人労働者数は七六四人であった。『瀬戸市史』（通史編下、二〇一二年刊）掲載の表「朝鮮人労働者職種別人数（一九二九年）」には、「製陶工場下廻し」二七八人、「製陶職工」一八一人、「粘土採掘夫」七六人、「ガラス粉製造工場雑役」六一人、「荷馬車挽」二八人等々と記されている。

光雄の父は粘土を運ぶ仕事に就いた。光雄の小中学校の同級生で生涯の友となった矢野誠は、「彼のお父さんは掘り出されたゴロンゴロンの土を、上陣屋町の採掘場から馬車で工場に運ぶ仕事をしていた。」と言う（二〇一七年六月四日、瀬戸）。掘り出された土塊は工場に運ばれ、陶土や珪砂《けいしゃ》に加工されると話す。

ただし妻の弘子の話では、光雄の父は珪砂を運んでいたとのことである。珪砂はガラス製品の原料や陶磁器の成型に使われる。愛知県珪砂鉱業協組の話によると、瀬戸では陶土層の上の珪砂層から一～二ミリの砂状で珪砂が産出する。掘り出された珪砂は水洗いして細かく砕いて使われる。以前はパウダー状まで粒子を細かくしたものが使用されたが、現在の大きな工場ではあまり細かすぎるものは好まれないという（二〇一七年三月一四日）。

一九五〇年代後半には、珪砂を運搬するトラックが増加した。六〇年の『新愛知タイムズ』には、「珪砂関係のトラック」事故が多いので取締りを実施といった記事がみえる（三月五日付）。「のちに義父は、小さなトラックで珪砂を運んだ。」との南弘子の話と前記の矢野誠の話からみて、光雄の父は戦前から戦後にかけて採掘場から土を運ぶ仕事をしていて、のちには主に珪砂を運ぶようになったのだろう。

当初光雄の父は、古いリヤカーを手に入れて仕事をしていたという。瀬戸駅に近い窯神町から西へ、西谷町・道泉町・安戸町・下陣屋町と続き、下陣屋町の北部丘陵地帯が上陣屋町である。丘陵地の道は上り下りがはげしい。土を積んでリヤカーで坂道を上り下りするのは困難である。だから土の運搬には馬車が使われていた。馬を手に入れるのに、光雄の父は数年の歳月を要したようである。

光雄の家族は道泉町西に住んだ。二軒ずつが一対の形になった四軒長屋が二棟あった。狭い土間を上がると六畳ひと間があって、その奥に小さい部屋が一つあった。井戸と便所は隣の日本人家族と共同だった。ここで弟二人、妹二人が生まれた。馬小屋は前の空き地に突き出るように建っていた。

一九四〇年（昭和一五）に、光雄は道泉尋常小学校に入学した。終戦の翌年四六年三月卒業後は、陶原町にあった高等小学校（瀬戸市立第一国民学校高等科）に進んだ。四七年四月に新制中学校が設立されたので、光雄は新制の瀬戸市立第一中学校二年生となった。

中学生になる前から、光雄はよく父の仕事を手伝った。中学生になると馬力引きを手伝った。「学校を休んで仕事を手伝え。」と、よく父に言われたという。それでも光雄は勉強がとびきりよくできた。荷車の土の上で、あるいは馬の手綱を引きながら彼はいつも本を読んでいた（二〇一七年二月二〇日、南弘子談、瀬戸）。勉強しながら馬を引く光雄の姿は、薪《まき》を背負って本を読む二宮金次郎そっくりだった。街の人たちは、「瀬戸の二宮金次郎」と噂した（二〇一七年六月四日、矢野誠談、瀬戸）。

母の言葉、高校へ

光雄は新制中学校ができて二期目、四九年三月の卒業生である。卒業の翌月、瀬戸市立第一中学校は瀬戸市立水無瀬中学校と改称した。だから光雄は、後年自分の出身中学を水無瀬中学校と呼んでいる。

生活が苦しかった父は、「小学校と中学校へはなんとか行かせたけれど、中学卒業後は働いてほしい。」と言った。光雄自身も、両親と弟や妹たちのために働くつもりだった。だけど母は、どんなに苦労しても光雄を高校に行かせたいと言って譲らなかった。

どれほど働いて貯めたお金であっても、どんなにお金を大事にしようとも、お金は使えば無くなってしまう。他人に盗られることだってある。だけど身につけた教育は、他人に盗られることはない。教育によって得た力は無くなることはない。なんとしても光雄を高校へ行かせてほしい。

そう言って光雄の母は父を説得した（二〇一七年二月二〇日、南弘子談、瀬戸）。

四九年四月、光雄は愛知県立瀬戸高等学校に進学した。光雄が清二と知り合ったのは高校二年生のときである。瀬戸窯業高校夜間定時制に通う清二は光雄より一歳上だったが、高校の学年は一年下だった。そろばん塾で顔を合わせた二人は、仲良しになるのにそれほど時間はかからなかった。

清二に誘われて、窯神町の元斉藤医院にハーゲンを訪ねた光雄は、すっかり彼女の人柄に魅せられた。窯神での集会には、欠かさず参加するようになった。五一年の秋になって、陶本町の家政学院二階に教会ができると、集会のあるなしにかかわらず、いつも光雄の姿がそこに見えるようになった。

光雄より三歳下の加藤訓は、当時の南光雄の様子を次のように回想する（二〇一七年二月二一日、瀬戸）。

ぼくが中学三年やったから、彼は高校三年やね。

家政学院の二階には集会に使うホールがあって、その横にひとつ脇部屋があった。ホールの横に廊下があり、脇にちょっとしたドアがついた小部屋があった。階段から上がっても入れるし、ホールからも入れるようになっていた。そこで勉強しながら、彼いつもゴロゴロしていました。

家は貧しくて狭かったし、兄弟が多かった。たぶん家では勉強できないので、そこにいたのだと思う。ホールは週一回とか二回、集会やるときしか使わないし、ふだん教会は静かだったから。

家政学院の二階の小部屋で、光雄は勉強し読書に耽《ふけ》ったのである。ハーゲンによって与えられた小部屋は、光雄にとっては至福の空間となった。

ハーゲン宣教師との出会いによって、新しい光の中で過ごした高校三年生ではあったが、光雄は大学へ進学するつもりはなかった。後年、よく自分の娘に、「お父さんは、高校を出たら家計を助けるために働くつもりだったんだよ。」と話したという（二〇一七年二月二〇日、三女佳奈子談、瀬戸）。

進学を勧める高校の先生に、「大学へは行きません。大学に行くお金がありません。」と、父は言ったそうです。すると先生は、「お金のかからない大学がある。国立大学だったらお金がかからない。学費と生活費を自分でなんとかすればよい。」とおっしゃったそうです。そ

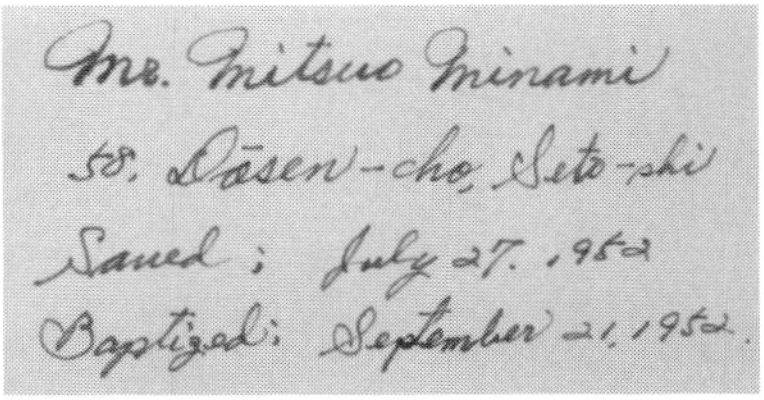

受洗時の光雄、1952年（キーステン・ハーゲンさんのアルバムより）

れならばということで、父は大学に進んだそうです。

光雄は五二年四月に、名古屋大学理学部物理学科に入学した。入学後彼は、家政学院の二階で、中学生や高校生に勉強を教え始めた。まもなく学習塾を開くことになったが、机も椅子もなかった。道泉小学校の後輩たち、とくに教会に集う加藤訓たち高校生が手伝って、塾生のための机やベンチを作ったという。

光雄が受洗したのは、名古屋大に入った年の九月であった。ハーゲンが大切にしていたアルバムの受洗者記録の最初には、南光雄の写真が貼られていて、「Mr. Mitsuo Minami 58, Dōsen-Cho, Seto-shi Saved : July 27. 1952 Baptized : September 21, 1952」と、流れるような筆記体で記されている。写真の中の光雄は、白いカッターシャツに黒いズボン、右手は縦にした本をお腹の前で受けるようにし、左手は本の上からそれを抱え持つようにして立っている。抱えている書籍が聖書であるかどうかはわからない。まっすぐ前を見つめる青年の肖像は、いかにも清廉な秀才である。

瀬戸の「南塾」

大学に進んだ光雄は自分の生活費や学資をまかない、そのうえ家計も助けなければならなかった。初めは家政学院近辺の小・中学生が集まっていたが、陶本町以外の親たちも熱心に子供を通わせるようになり、しだいに希望者が増えていった。

この頃光雄は、家政学院二階の脇部屋に寝泊りしていた。光雄の友人矢野は、「大学生のころ、彼あそこに住んでいました。ふとんを敷いてね。ぼくはよく訪ねて行きましたよ。」と言い、「彼には他にない特別な味のようなものがあった。」と語る（二〇一七年六月四日、瀬戸）。

家政学院の二階で始まった光雄の小さな塾は、とても評判がよかった。人数は増える一方だった。光雄の才能と人柄に期待を寄せた父兄や街の有力者が、本格的な進学塾を作ってはどうかと勧め、塾設立の後援会のようなものをつくって応援した。貧しい家庭に育った在日朝鮮人の青年に、塾の校舎を建てる土地もなければ建築資金を工面できるはずもなかった。

そうこうするうちに陶本町の西隣の滝之湯町に、建設地を貸そうという人が現れた。校舎を建てる資金は父兄たちが銀行から借り入れて、木造平屋建て五教室が新築された。光雄が始めた「南塾《みなみ》」は、街の人々や塾生たちに「なん塾」の愛称で呼ばれた。

滝之湯町に南塾が建てられた頃、瀬戸の街は活気にあふれていた。戦後復興期を経て、日本経済は高度成長期に差しかかろうとしていた。

「彼は大学院へ進みたかったらしいんですね。」と、妻の弘子は言う。塾を始めたのは、もともととは自分の学資をまかない家計を助けるのが目的だったが、始めてみると、塾への期待がどんどん大きくなっていったという。「塾から手を引くなんてとても考えられない状況だったようです。」「研究が好きだった彼に大学院へ進む選択肢も、別の職に就くという選択肢もなかったようです。」と言い、次のように語る（二〇一七年二月二〇日、瀬戸）。

あの頃の瀬戸は、今と違って富裕層と勤労層がはっきりしていました。窯業工場が立ち並ぶ瀬戸は勤労者の街だった。

富裕層の方たちは、いい大学にわが子を進ませて、あとを継がせたいという願いがあった。勤労層の人たちには、子供にだけはしっかり教育をつけたい。朝から晩まで毎日働き続ける、自分たちのような苦しい生活はさせたくないという強い思いがありました。子供たちを有名な私立高校へ行かせたい、そこからいい大学に行かせたい。ご父兄はその思いでお子さんたちを塾に通わせました。名古屋市内への通学に、瀬戸はとても便利ですから。当時の瀬戸には他に進学塾はありませんでした。いきおい夫の塾はひじょうに繁盛することになりました。

滝之湯町に塾の校舎が建てられた頃から、光雄は学業と塾経営でまったく時間がなくなった。ハーゲンの教会からも足が遠のくようになった。日曜日の礼拝に出席できるはずもなかった。

結婚、その後

光雄の妻弘子は、愛知県北設楽《したら》郡の旧家の娘だった。八つ年下の弘子は、短大時代に友人の紹介で光雄と知り合った。光雄が大学を卒業して五年ほどたったころである。

ふたりの結婚には強い反対があった。光雄の親は、在日同胞の裕福な家の娘と結婚させたいという思いがあり、弘子の実家は朝鮮人との結婚を許さなかった。弘子の両親は早くに他界していて、歳の離れた兄が家を継いでいた。

光雄の才能と人柄をかった瀬戸の有力者が、自ら申し出て弘子の実家を訪ねたこともあったが、兄は頑として承諾しなかった。それから長く、弘子は実家と絶縁状態となった。光雄の親はまもなく折れてふたりの結婚を受け入れた。

「貧しい暮らしをしてきたけれど、夫の両親は立派な人たちだった。」と弘子は回想する。「生活のことで喧嘩もしていましたけれど、ひたすらいっしょうけんめい働いて、人間的に本当にすばらしい人達でした。」「義父はプライドの高い人で、晩年になっても息子に甘えず土運びの仕事をしていました。」と言う。

光雄は弟や妹たちの進学の面倒をみた。すぐ下の弟は東大に、その下の弟は光雄と同じ名大に入った。「中学卒業後は働いてほしい。」と光雄に言った父は、息子たちの名大と東大の卒業証書を額に入れて部屋に飾った。

結婚後、光雄の塾はますます繁盛した。手狭になった滝之湯町を引き払い、やがて東吉田町の現在地に移った。陶本町に始まった光雄の小さな塾は、その後一時は千二百人の塾生をかかえる大きな進学塾へと発展した。数台のマイクロバスで塾生を送迎するようにもなった。

滝之湯町から東吉田町への移転のときも、敷地の選定や資金調達の保証人を申し出る人などがいて、「いろんな人から支援をいただいた。」と、光雄の妻弘子は語る。

ところで、光雄の母には在日の兄弟が三人いた。いずれも関東に住んでいて、もと韓国籍の兄弟がみな朝鮮総連の方へ移っていた。若き日を思い出しながら、光雄の妻は次のように語る。

義母の兄弟がたまに遊びに来ては、金日成のことを滔々と述べるんですね。朝鮮人としてこうあるべきだとか、理想郷の話をされるんです。義父の月逢さんはまっすぐな人なので、「ああ、そうかな。」となって、金日成の写真を飾ったりしていました。

夫の妹二人は、関東の朝鮮総連幹部に嫁ぎました。

朝鮮総連は、一九五〇年代から北朝鮮への「帰還運動（帰国運動）」を推進した。光雄も大学卒業後まもなく、北朝鮮籍に変えて北朝鮮へ行こうとしたことがあったが、途中で思いとどまったらしい。「行っていたら大変ですね。」と弘子は言う。「朝鮮大学校を出た妹たちも、今はこっそり韓国籍にもどしたりしているみたいですよ。」とも言う。

晩年、塾経営を息子にゆだねるようになってから、光雄は韓国の仏教研究、特に仏像研究に傾倒した。生まれ故郷の地を頻繁に訪ね、慶州の仏像研究者と深い交流をもった。各国を回って収集した仏像や関連書籍はぼう大だった。それらの資料は、慶州の仏国寺に博物館が建てられるときに求められて寄贈した。感謝式典は仏国寺の関係者や学者が来日し、大韓民国居留民団瀬戸支部で行われた。

慶州での研究調査中に、脳梗塞で光雄が倒れたのは二〇〇九年だった。大邱の病院で治療を受けたのち日本の病院に搬送された。退院して自宅療養できるまでに快復した頃、瀬戸サレム教会へ行きたいと言うようになった。日曜日ごとに、妻の運転で礼拝に出席したという。

「ハーゲン先生は、自分の人生の原点だ。」と言っていた光雄は、病に倒れ妻の送迎で教会に通うようになったとき、「もう一度先生に会いたい。」と繰り返したという。

陶器屋の子

加藤訓《さとし》の家は陶本町五丁目にあった。総二階の自宅に続いて絵付け工場があり、その向こうの道筋に借家を二軒もっていた。それが全部、終戦直前の建物疎開で取り払われた。すぐ近くに「食糧営団」があったからだと訓は言う。

愛知県食糧営団は、一九四二年（昭和一七）二月制定の食糧管理法にもとづき同年一〇月に発足した。米の配給を任務とする県食糧営団の支部があったから、空襲を受けたときの類焼や消火活動を想定し、周辺の建物疎開が実施されたというのである。

とはいうものの瀬戸にはほとんど空襲はなかったといってもよいほどだった。現在の名鉄瀬戸線水野駅近くの今の田んぼに爆弾が落ちたというので訓は友達と見に行った記憶があり、陶原町の新開地に焼夷弾がパラパラと落ちたと聞いたことがある程度だった。

　訓の父は何人かの職人を雇って茶碗の上絵を付け、電気窯で焼いて製品にし、問屋を通して商っていた。自宅が壊されたので陶本町四丁目に家を借りて引っ越し、商売の方は企業合同になって陶原町の会社で陶貨を製造することになった。陶貨は試作段階で終戦になり、結局使われることはなかった。

　終戦後、訓の父は四丁目の借家のところに工場を設けて営業を再開した。訓は小学校を卒業すると、名古屋市内の私立東海中学校に入り東海高校に進んだ。

　訓は七人兄弟の五番目で兄が一人いたが、兄は陶器の仕事に興味はなかった。姉の夫が貿易の仕事を始めたので父の仕事の跡を継ぐことになった。「陶器会社も、商売上手な人は戦後にずいぶん大きくなったが、うちのおやじは陶器に将来性はないと言ってましたから、ぼくも跡を継ぐ気はなかった。」と訓は言う（二〇一七年二月二一日、瀬戸）。

　訓と麗娟《れいけん》が結婚したのは一九六〇年（昭和三五）三月だった。麗娟は加藤麗子となった。南山町に教会ができたのが五八年八月だったから、その一年半後のことである。麗娟が金城学院大学短期大学部を卒業したのは五六年三月だった。金城学院高校へ留学したときから彼女は片時もハーゲンのもとを離れることはなかった。

　短大を卒業した年の秋に、麗娟はハーゲンとともに台湾嘉義の父母を訪ねている。「あの時、訓さんのことが気になって、頭から離れなかった。はやく日本に帰りたかった。」と、麗子は言

ハーゲンと麗娟、1958年、瀬戸南山（加藤麗子さん提供）

う（二〇一六年一月一六日、瀬戸）。彼女は愛らしい目をもった快活で聡明な娘だった。

中学三年生でハーゲンに導かれた訓は、「子供だからそんなに知識がないけれど純粋です。それだけに、先生に従っていくときに見えてくるものがありました。余計なものが入って来ないだけに幸せでした。こういうものかなと思って信仰を告白しました。」と、訓は当時を回想する（二〇一四年一一月六日、瀬戸）。

訓は東海高校卒業後、名古屋大学医学部附属診療X線技師学校に入った。名大医学部に放射線科ができて、X線の技師学校が開設されたことを知り受験したという。ここを卒業して名古屋城の近くの国立病院にX線技師として勤めて二年後、訓と麗子は結婚した。

ふたりの結婚を祝福したハーゲンは、「いっしょに住めばよい。」と言って、宣教師館の客間になっていた和室を新婚夫婦の居室として提供した。訓は、「別に借家を求めるよりも、ハーゲン先生のそばにいるのがよい。」と思って、その勧めを受け入れることにした。

「先生もひとりじゃ寂しいし、私も伝道や集会はもちろん日常生活でも、いろいろと手伝いたかったし、先生もそれが必要だった。」と、麗子は語る。加藤夫妻は子供が小学生になるころまで、十年ほどハーゲンと生活を共にした。後には、「土地をあげるから、ここに家を建てればよいと言われたが、さすがにそれはご遠慮することにした。」と麗子は話す（二〇一六年一月一六日、瀬戸）。

第三章　母の愛、ハーゲンの生い立ち

「桜井さん」のこと

台湾から金城学院高校に留学した姉妹の姉麗珍は、一九五五年（昭和三〇）三月に金城学院大学短期大学部文科英文科を卒業した。このときに一時帰国した麗珍は、日をおかずに瀬戸にもどり二年間ハーゲンの開拓伝道を助けた。

麗珍は、ハーゲンとはじめて会ったときには、実の父母のもとから高中（高校）に通っていた。しかしそれまでは、遠く離れた山間地で養父母によって育てられた。幼くして彼女は、子がなかった母方の伯母夫婦にもらわれたのである。日本への留学には養父母の親族から反対があったが、実の父が支えてくれた。

瀬戸窯神で暮らした頃、麗珍と麗娟は同じ和室で寝起きした。ハーゲンの部屋も和室だった。畳に寝る生活が不自由だったハーゲンは、シーのサーレン教会の支援者ライラ・ヤンセンに頼んで、ノルウェーからベッドを送ってもらった。

瀬戸に住むようになったハーゲンは、よく夜中に咳き込んだ。「夜、何度もハーゲン先生の薬をお医者さんへもらいに行った。」と麗珍は言う。戦後復興期の瀬戸の空は、陶器工場の石炭窯から出る真黒な煙でおおわれていた。瀬戸で暮らし始めたハーゲンは、大気汚染で気管支炎を患ったのではなかろうか。

南山町に新築された宣教師館に、ハーゲンとともに麗珍・麗娟姉妹が引っ越したのは五五年、麗珍が短大を卒業してからである。麗珍はこの年秋の出来事について次のように回想する（二〇一五年八月一〇日、台南）。

桜井さんという人がいました。桜井さんは瀬戸の窯焼き工場の労働者です。楽な仕事ではありません。彼、働いて、働いて、お金を貯め、家を買ったんです。その頃、ハーゲン先生と私と妹は、南山町にできた宣教師館に引っ越していました。私が通訳していた夜の教会での集会が終わった時、しばらく来てなかった桜井さんが入って来て、突然「祈ってください。」と懇願するのです。「ぼく、いっしょうけんめい働いて、家買って、兄が病気だから、ぼくが買った家に兄と兄嫁を住まわせたら、入院後に帰って来た兄が、おまえ出ていけと言うんです。ぼく、どうしたらいいかわからない。行くところがない。祈ってください。」と泣きながら訴えるのです。するとと、ハーゲン先生は桜井さんに向かって、「あなたの兄は、いま病気で家が必要なのだから、あげなさい。住まわせてあげなさい。」と言った。

桜井さんは驚いて、「ぼく、どうなるの。ぼく、どこに住むの。」と言うと、ハーゲン先生は、「私のところに来なさい。四つ部屋があるから、その一つを使いなさい。」と言った。

宣教師館の一部屋は、ハーゲン先生の事務室兼自室。一つは私の部屋、一つは妹、もう一つは畳の部屋で、お客さんが来た時に泊まる部屋です。その部屋が空いているから使えばよいというのです。

桜井さんびっくりしてね。「ぼくのような窯焼きの労働者がハーゲン先生といっしょに住まわせてもらう資格はない。」とか何とか言ってもじもじと遠慮していましたが、ハーゲン先生は、「かまわない。今晩から来なさい。」とおっしゃった。

その晩から食事もなんでもいっしょ。桜井さん、とても感動されてね。感謝しながら、しばらくそこから窯焼きの工場に通われました。

「桜井さん」とは、五六年七月一日に、瀬戸品野の岩屋堂でヘミングビー宣教師によって洗礼を受けた桜井幸夫のことである。

悔いを残して

「ハーゲン先生に縁談があった。」と麗珍が言うのは、窯神町に住んでいた頃のこと。日本に来ていたノルウェー人宣教師との間に縁談がもちあがった。だが、ハーゲンはきっぱりと断ったという。「神様の伝道のために身をささげたのだから、神様に忠実でなければならない。宣教に身をささげたのだから結婚はしないとおっしゃった。」と、麗珍は言う。

ただ麗珍は、「あの時先生は、私たちのために断られたのではないか。」との思いをずっともっている。「私と妹のことを第一に考え、瀬戸を離れるわけにはいかないというのが本当の理由だった。」と言うのである。

麗珍が短大を卒業したとき台湾に帰ったのは、養父が病気で倒れたことで呼びもどされたからだった。この時には日本への再入国要件を理由に養父の親族を説得し、彼女はハーゲンのもとにもどることができた。しかし、二年後には彼女の願いはかなわなかった。

ハーゲンが教会で行う説教は英語だった。ハーゲンの通訳を務める麗珍と神の言葉を伝えるハーゲンの心とは、寸分の隙間もないほどぴったりと合っていた。「ハーゲン先生は、私が生涯そばにいるものと思っていた。それほど私を愛してくれていた。」と麗珍は言う（二〇一五年八月一〇日、台南）。

私が縁談のことで台湾に帰った時も、必ず瀬戸にもどって来るものとハーゲン先生は期待していたと思うのです。私も先生のもとにもどるつもりでいました。だけど、それはかなわなかった。

私は養女に行ったでしょう。もらわれたでしょう。養父が亡くなり、養母だった伯母がいて、養父の母親も健在でした。養母は七十何歳、養父の母は百歳近かった。

親戚の人たち、とくに養父側の親戚の人たちが、台湾に帰った私に強い口調で注意しました。

宣教師のまねをしてはいけないと。宣教はちゃんと宣教団が守っているのだからと。「あなたは養女でしょう。だから、あなたは養母と養父の母親をみる責任がある。」と、面と向かっては言わなかったけれど、台湾に帰って結婚するようにという圧力がありました。結局、麗珍は台湾に帰ってお見合いをし、結婚することになった。「もちろんハーゲン先生は、私の結婚を理解してくださったけれど、妹の手紙にはいつも泣いていらっしゃるとの消息でした。」と言い、次のように語る。

現世における自分の責任、養女である身を自覚し、台湾での結婚を選択しましたが、消しえない悔いが残りました。ですから、長老教会の牧師である夫に、ハーゲン先生はペンテコステ派だけれど、心を一つにして伝道していきたい。これからもハーゲン先生とは、真実の交わりをもちたいと話しました。それで、その後ずっと主人には、先生の教会にも、礼拝にも、あるいは説教にも参加することを理解してもらっています。

麗珍は夫とともにハーゲンを訪ね、何日間か瀬戸で泊ったこともあった。ハーゲン宣教師の場合、ペンテコステといっても、礼拝の時に踊ったり歌ったり叫んだり、あるいは異言を語ったりすることはなかった。静かにイエスの言葉を語り、祈り、伝道に身をささげる姿をひたすら示す礼拝であった。その祈りを見て、妻が敬愛してやまないハーゲン宣教師であれば、信仰上の交わりが続けられると夫も感じたのだという。

麗珍は「ペンテコステ派は聖霊を強調する。」と言い、ハーゲン宣教師の場合は、「形式的に叫

一時帰国前に守の両親を訪ねたキーステン・ハーゲン、1953年、瀬戸市（磯部清二さん提供）

んだりすることはなかったし、熱狂的な表現もなかったけれど、その祈りの中には強い情熱が秘められていた。」と語る。そして、「先生の実行力はすばらしかった。」「私はその行いに感動した。」「桜井さんのこともその一つです。」と言う。

ハーゲンの一時帰国

五三年の晩秋に、ハーゲンはノルウェーに帰国した。オスロの港を発ってから八年ぶりだった。磯部清二のアルバムには、「昭和二十八年十一月、ハーゲン先生帰国前に故山口君家を訪れる」と記した写真が貼られている。帰国を前にして山口守の両親を訪ねたのは、再び瀬戸にもどり、この地での伝道に身をささげる誓いを立てるためでもあったのだろう。

ハーゲンは三か月ほどノルウェーで過ごしたのち、再び瀬戸にもどった。彼女にとって、この時が母との最後の別れとなった。ハーゲンが日本にもどった三年後に彼女の母は亡くなった。

訃報が届いた時、麗珍はすでに瀬戸を去って台湾に帰っていた。麗珍が帰国したあと、礼拝や集会の場における通訳を務めたのは磯部清二であった。当時彼は、ハーゲンの伝道上の事務を執りながら大学に通っていた。

磯部清二は、母の訃報を受けとった時のハーゲンについて、「おいおいと泣かれてね。」と言い、「親の死に目にも会えないけれど、私はイエス様にささげた身ですから、この日本のために宣教に来たのですから、たとえ母が亡くなっても帰るわけにはいきませんとおっしゃった。」と語る。

そして磯部は、「キリストに自らをささげた者の心の有りようについて、先生はぼくにこんこんと諭された。そういう心の伝え方を知っている人はあまりない。」と言い、次のように語る（二〇一五年八月一日、瀬戸）。

とにかくハーゲン先生は不思議な方で、すごいんです。今でこそ、もうほんとに、みんなと話をするようになって、打ち解けて、皆の方が解けたのかもしれないけれど、人間的な付き合いの面が多くなりましたけれど、それまでは本当にもう宣教、宣教で、聖書を通した話をされました。聖書を開いてこの意味はこうですと言われる。そういった時間が多かった。祈祷会においても、ずうっと全体を見ておられて、「あなたはお祈りしなさい。」といったことを、ぽっぽっとおっしゃる。すごいお祈りですよ。今、そういう雰囲気は少ないですね。人間の集まりです。そうじゃなくて、神様とともにいる集いというのを、ハーゲン先生がいた時にはひしひしと感じました。

たとえば「隣人を愛せよ。」というその言葉ひとつとって、それをずっと説明されることね。信仰というものは自分で努力するのではなくて、神様に頼って自分の心を神に向けて開いていくことである。神様を中心にものごとを考えなさいと。今あなたがあることは、生かされているということだよ。この世は短いよということを、しょっちゅう言われた。ハーゲン先生自身がもう心に迫って、それが感情としてほとばしり出る時も、イエス様はすばらしい方であり、どんな時でも助けてくださるのはイエス様だと説かれた。「私はイエス様とともにあるから、心は穏やかである。」と、そういう意味のことをしょっちゅう表わされた。神様と離れていては普通の人間であるとおっしゃった。

磯部清二は、「あっ、ハーゲン先生と気楽に話ができるかなと感じたのは、先生が日本を去ってノルウェーに帰られる少し前頃だったように思う。」と語る。説教中のハーゲンは、ハンカチを握りしめて涙を流しながら語ることも多かった。彼女の祈りには、一種カリスマ的なものがあったようである。

ハーゲンは九四年に瀬戸を去るまで四四年間、説教は英語で通した。二年ほど日本語の日常会話をハーゲンに教えた磯部は、「先生、どうして日本語で説教できるよう勉強されないのですか。」と尋ねたことがあった。その時ハーゲンは、「『Heart! Heart!』と言って、笑っていた。」と彼は言う。日本語の説教では、彼女の祈りの情熱は伝え得なかったのであろう。

教会堂建設のころ

南山町の宣教師館の横に教会堂が建てられたのは、一九五八年（昭和三三）だった。同年八月三一日には瀬戸市長加藤章を招いて献堂式が挙げられている（『宣教五〇周年記念写真集』瀬戸サレム教会刊、二〇〇〇年）。磯部清二と紀久子、加藤訓と麗子、そして桜井幸夫も、この新しい教会で結婚式を挙げた。

桜井幸夫の妻保子は、福井県坂井郡金津町（現・あわら市）で育った。中学校を出て近くにあった東洋レーヨン敷布工場に勤めた。「その当時は製品が売れて売れての全盛期でした。金津は試験工場だったので、織物のいろんな検査をする仕事をしていました。」と保子は言う（二〇一六年一月一七日、瀬戸）。

早番の週は朝五時に出勤した。越前金津は雪国である。積もった雪の上に、また新しい雪が夜のうちに積もる。当時を思い出しながら、若かったからできたことと彼女は言う。

金津では五〇年代から、ハーゲンと同じ北欧自由キリスト教宣教団に所属するデンマーク人宣教師アンナ・ブルーンとヘレン・リースの二人が宣教を進めていた。保子は竹田川でペンテコステ派の洗礼を受けて金津キリスト召会（のち金津福音キリスト教会）の信徒となった。朝五時の出勤のときには午後一時四五分に仕事が引ける。彼女は丸岡や三国などの教会を訪ね、宣教師や牧師と交わりをもった。三国ではハーゲンと親しかったハウゲン宣教師とも知り合った。

満二三歳になる年に、信仰のある男性を希望し、金津の教会で見合いしたのが桜井幸夫だった。

瀬戸南山の教会堂献堂式、1958年（加藤麗子さん提供）

「桜井さん」の結婚式、1958年、瀬戸南山（磯部清二さん提供）

結婚は五八年九月、竣工まもないハーゲンの教会だった。桜井は十人ほど雇用する個人工場で働いていた。陶磁器の窯焼き工場といっても茶碗や皿を焼くのではなく、支柱などに電線を固定する碍子《がいし》を焼いていた。

「子供が次々と授かったので、主人は勤めを辞めて自分で工場をはじめました。個人でやれたんです。」と言う。そして、「兄夫婦に住むところを与えたときのことは聞いています。ハーゲン先生には本当に親切にしていただいたと主人はずっと感謝していました。」と保子は語る。夫の幸夫はすでに他界したが、妻の保子はハーゲンによって築かれた教会の礼拝に、今も欠かさず出席している。

南山町の丘に宣教師館と教会が建ち並んだころ、瀬戸の窯業は高度経済成長の追い風を受け、かつてない発展期を迎えていた。生産の拡大は労働力の不足を引き起こした。『新愛知タイムズ』一九五九年一〇月一七日付は、「陶姫さんを開拓」「瀬戸の代表、あす九州に向かう」の見出しで、「瀬戸の陶磁器業界では明春三月に約三千名の新卒者を希望しているが、職業安定所で把握している実数はこの半分にしか達しない」と記している。「新卒者」の開拓とは、中学新卒の集団就職者の開拓のことである。瀬戸にはすでに東北・北陸・四国・九州からの集団就職があったが、それでは追いつかず、さらに開拓が必要というのであった。そして、同年一〇月二二日付同紙には、「求職開拓で二千名」「やはり鹿児島、熊本等が最も多い」と報じている。

加藤訓の叔母は、集団就職者を雇用する陶磁器工場の寮母だった。親元を遠く離れて就職した

十五、六の少女の世話をし、その悩みを聴く立場にあった。加藤訓・麗子夫妻は、「叔母は集団就職の娘さんたちをよくつれて教会に来ました。」という。その中の何人かは、ハーゲン宣教師にひかれ信徒となった。二〇一六年五月二九日に瀬戸サレム教会で「ハーゲン先生召天祈念会」が催された時、その知らせを聞いた大阪在住のひとりの女性から手紙が届いた。彼女は九州から集団就職で瀬戸に入り、かつて教会に通った日々があった。手紙には、召天したハーゲンへの祈りとともに、「最も苦しかった時に、ハーゲン先生の励ましによって乗り越えることができた」との言葉が添えられていた。

瀬戸南山の教会、1958年（磯部清二さん提供）

『新愛知タイムズ』一九六〇年四月二六日付夕刊「陶都の春」欄には、南山町の宣教師館と教会の写真が大きく掲げられ、「美しい教会」の見出しで次のように報じられている。

名鉄水野駅よりやや西北、緑の丘に初夏の日ざしを受けてポッかりと浮ぶ白い建物、市民の注目する教会である。黒っぽい瀬戸市中心部から離れて、その白さがいかにも印象的である。

続いて、「この聖地には多くの若い人が通いつけている」とあり、次のようにつづられている。

白く美しい教会。目をとじれば教会の祈りの音に誘われ教会にひきつけられて行く、そして祈りを捧げる。

この教会の建物はなにか人里離れた感じを与えているが、そうしたものではない。ただ身近な者の祈りを捧げる教会とあって、多くの人を迎えているのである。

今日もあの緑の丘の教会から朝の鐘の音が鳴りわたっている。そして名鉄電車にその音がさえぎられてはいるが、聖ある者の心には遠くても聞こえている。

献身の姿から

ハーゲン宣教師と長年ともに暮らし、その日常のすべてに接してきた加藤訓・麗子夫妻は次のように回想する（二〇一六年一月一六日、瀬戸）。

ハーゲン先生は、相手がだれであろうと、自我を捨てて献身的に接する方でした。長野から瀬戸に出稼ぎに来た人が、ある時泊まるところがなくて困っていると、先生はその人をあたたかく迎え入れて泊めてあげた。そんなことは一度や二度ではありません。困っている人があると、自然なかたちで手を差し伸べられた。自分が気に入っている服や靴も、惜しまずひとにあげられた。

「でも、あの人の服や靴は、日本人女性には大きすぎるんですよね。」と言って麗子は笑う。

夫の訓は、「先へ先へと他人の気持ちを読んで気遣われるのは、こまやかに気遣う日本人のようなというよりも、私たち日本人以上だったと思う。」と語る。

続けて夫妻は、「私たちの子供だけでなく、どなたの子供さんでも預かって、先生はよく世話をしてみえました。だから誰もが、私の子供によくしてくださったとおっしゃいます。」と言う。

そして、「ほんとうによく働く宣教師でした。」と言い、「あちこちで集会を行い、子供会や青年の集い、婦人の集いを開き、老人ホームや病院を訪ねて慰問し、瀬戸を中心に周囲の町々を朝から晩まで走り回って休む暇もありませんでした。」と話す。たくさんの宣教師と接して来た加藤夫妻も、あんなに働く宣教師は見たことないと言うのである。

「先生に導かれた信者はみんな、いっぱい愛を頂いているでしょう。」「だから私たちは、ハーゲン先生のためならどんなことでもして差し上げたいという気持ちできました。」と言い、次のように語る。

私たちは、ハーゲン先生が本当の母親であるような感覚でいろんなことを経験していることが多いんです。ほんとうの母親以上かもしれない。

他の宣教師、とりわけ夫婦で来られた宣教師とともに働いた経験をもつ他教会の牧師さんから、いまだに言われることがあるんです。

「ハーゲン先生は独身だったでしょう。だから愛情がね、家族持ちの宣教師さんとは違うよ。結婚していない宣教師さんであっても、あなた方がハーゲン先生から受けたもの、感化されたものを期待してもだめだよ。あれはハーゲン先生であればこその、あなたたちへの愛だと思うよ。」と。

ハーゲン宣教師は、一九五三年（昭和二八）一一月に一時ノルウェーに帰国し、三か月ほどして瀬戸にもどった。それからしばらくして実母が亡くなったが、彼女は帰国しなかった。「ハーゲン先生は、人前ではあまり悲しいところを見せなかった。ただ、先生が日本にもどるとき、お母さんはとても大きな声で泣かれたそうです。」「どうしてそんなに大きな声で泣くのって、先生は思ったようです。」「お母さんは自分の病気のことが分かっていたのでしょうね。これが娘との最後の別れだと思うと、悲しさがこみ上げ、こらえきれなかったのでしょうね。」と麗子は話す。

瀬戸での開拓伝道をとおして、献身的な愛を人びとに注いだハーゲン宣教師は、どんな生い立ちだったのだろう。晩年に至るまで彼女を支えたペンテコステ派シー教会の信徒ヤンセン家の家族とはどんな人たちだったのだろうか。

出生のこと

キーステン・ハーゲン（Kirsten Hagen）は、一九二二年一二月二〇日に、オスロ中央病院で生まれた。彼女の誕生は、公開されている同病院の「出生記録」の資料によって確認することができる。

母はクリスティーナ・ハーゲンといい、未婚のままキーステンを出産した。クリスティーナの実家はリレハンメルにあり、仕事を求めてひとりオスロに出て陸軍の食堂でコックとして働いていた。リレハンメルにはクリスティーナの兄弟姉妹もいたが、クリスティーナが亡くなる時まで、親戚のだれひとりキーステンの存在を知らなかった。ましてやキーステンが大きくなって宣教師になったことなど、知る由もなかったという（二〇一五年六月一四日、ライラ・オデガード談、オスロ）。

リレハンメルの親族は、クリスティーナの遺書によって、はじめてキーステンの存在を知った。キーステンは日本にいたので、母の臨終の場に寄り添うことはできなかった。知らせを受けて深い悲しみにつつまれたが、ハーゲン宣教師は帰国しなかった。彼女が母方の親族と会ったのはのちのことだった。

クリスティーナは、ひとりで働いて生計を立てなければならなかった。未婚の母が子供を育てるのは、ノルウェーにあっても当時は容易なことではなかった。彼女は、キーステンをオスロ近郊シーに住むホヴァという家族に預けることにした。

キーステン・ハーゲンを晩年まで支えたライラ・オデガードによると、シーの町にランクイストとホヴァという二家族がいっしょに暮している家があった。大きな家に住んでいて、子供が十人ぐらいいた。食事をいっしょにとっていた。

「子供がたくさんいて、みんなが養子とか養女だったのか、その人たちの子供もいたのか、私

15歳の民族衣装を着たキーステン・ハーゲン、1937年、シー（キーステン・ハーゲンさん提供）

にははっきりとはわからないけれども、とにかく二家族が一つ屋根の下で暮らしていた。」と、ライラは語る。そして、「この二家族は、まったくキリスト教徒ではなかった。」とも言う。

一九三七年にキーステンが一五歳を迎えたとき、母クリスティーナは祝いの伝統衣装をあつらえて娘に贈っている。それを身に着けて記念撮影した写真は、キーステンが生涯もっとも大切にしたものであり、晩年の彼女の部屋にも飾られていた。

ノルウェーでは女性が一五歳を迎えたとき、いまも地域ごとに模様や色の違う伝統衣装を着て祝う習わしがある。毎年ナショナルデーには、一五歳になった娘たちが衣装を身につけて集まる記念行事が行われる。胸や腰や靴に施された銀細工の飾り物と、スカートやマントの生地はいかにも重厚で豪華だ。母のクリスティーナは、ホヴァ家に預けていた娘のために奮発して、高価な衣装を整えたのである。

ライラの証言から推測すると、ホヴァの家族もランクイストの家族も、そばに置いては育てられない人たちの子供たちを預かって面倒を見ていたようである。おそらくキーステンの母クリスティーナは、娘の養育費等をホヴァ家に支払っていたのであろう。

加藤麗子は、「南山町の宣教師館と教会用地購入のとき、ハーゲン先生はお母さんが残されたお金を当てられた。」と言う（二〇一六年一月一六日、瀬戸）。キーステンの母クリスティーナは、娘のためにと、長年お金を積み立てていたのであろう。

母と離れ、他人の家でほかの子供たちと暮らしたキーステンは、こまやかな気遣いのできる優しい少女に育った。キーステンにとっては、意志の強さと他人への心の温かさを育む生い立ちとなったようである。

「ハーゲン先生はこまやかに気遣いされる方だった。子供が大好きで、分け隔てなくだれにも優しく愛を示された。」と、彼女に導かれた人たちは言う。彼女は宣教師だったから、もちろん信仰を離れてその人格は語れないのであろう。

しかし、彼女を慕った人たちの証言や、その生い立ちが明らかになるにつれて、ハーゲン宣教師のほんとうの魅力が信仰とか「教え」などとは離れたところにあったように思えてならない。キーステン・ハーゲンを慕った人たちは、まず彼女の人柄にひかれたのであり、彼女を通してその向こうに聖書の世界を見ようとしたのであろう。

ホヴァ家を出されて

一五歳の節目の年を迎えたキーステンは、シーの街に広がりつつあったペンテコステ派の信仰にひかれるようになった。そして間もなく、全身を水に沈めて立ち上がるペンテコステの洗礼を受けた。

そのことを知ったホヴァ家の夫妻は、「この家に住んではいけない。」とキーステンに言い渡した。「二度ともどってくるな。」と言われたキーステンは、同じシーに住むヨハンとアルマ夫妻の家に住むことになった。この夫婦は、身寄りのない子供を育てていたという。親から盗まれたらしいジプシーの女の子も育てていた。その女の子は、のちにライラの弟トゥルンと結婚した。

「ヨハンの家に、キーステンはどれくらいのあいだ住んでいたのかわからないが、彼女が日本からノルウェーに帰ると、いちばん初めにヨハンとアルマの家を訪ねていた。」と、ライラ・オデガードは語る（二〇一六年六月一三日、シー）。

キーステン・ハーゲンは、当時のノルウェーの小学校七年（義務教育）を卒業し、シーのペンテコステ派教会で洗礼を受けたあとに、オスロの神学校で一～二年学んだ。この神学校では英語や中国語も学んだようである。そして、アメリカ経由で中国へ派遣された時、ニューヨークに二年ほど滞在して英語と看護の勉強をした。

ハーゲンは宣教師になると決意して以後、積極的に国内での宣教活動を行ったという。自転車に乗り、シーの街から一五〇キロ以内の町や村を回った。いろんな教会を回って説教をし、サポートを受けて生活していた。

ハーゲンのほかにも、各地の教会へ赴いて宣教活動を行っていた人がいて、その人といっしょにハーゲンも自転車であちこちを回った。この宣教活動によって、いろんな教会にハーゲンのサポーターができた。彼女が日本での開拓伝道に携わることになったとき、シーの教会以外にそれらの教会からも伝道資金が送られたという。

ハーゲン宣教師は、瀬戸での開拓伝道においても自転車を使った。瀬戸市南山町の教会建設用地で自転車に乗る若き日のワンピース姿のハーゲン宣教師の写真（33頁に掲載）は、彼女の所蔵するアルバムの最後のページに貼られていた。二〇一五年六月に彼女をシーに訪ねたときに接写したその写真は、一六年五月に彼女を偲ぶシンポジウムを瀬戸市文化センターで開いた時のポスターとチラシの背景となった。キーステン・ハーゲンは、二〇一六年一月一〇日に九三年の生涯を閉じたのである。私がシーに彼女を訪ねて半年後のことだった。

キーステン・ハーゲンがノルウェーを出て海外宣教に出発したのは満二二歳の時であった。出発前に写真館で撮った彼女の写真が絵葉書にされたことは、本書の冒頭に記した。ライラ・オデガードは所蔵するその絵葉書を手にしながら次のように語った（二〇一六年六月一三日、シー）。

キーステン・ハーゲンは、最初中国に派遣されました。中国は遠いところなので、帰って来られるかどうかわからないから、みんなで祈るために、彼女の写真を絵葉書にしました。彼女が元気にいられますようにと、みんなが礼拝の時にお祈りしてあげるために、写真を絵葉書にして教会の人たちに配りました。この写真は、彼女がノルウェーを発つ前に写真館で撮ったものです。

ライラの生家

ライラ・オデガードは、キーステン・ハーゲン宣教師を支えたシーのヤンセン家の長女である。彼女は一九三九年七月に生まれた。ハラルド・オデガードと結婚したのは、一九六一年六月。ふたりの間には一男二女があり、隣に住む次女のハイディは病院を経営する医師である。

オデガード家は、大農場を所有するシーの名家であり、ステートチャーチに属していた。だから夫のハラルドは、ライラと結婚するまではペンテコステの信徒ではなかった。結婚前のことを、ライラはおもしろそうに回想する（二〇一六年六月一三日、シー）。

私と交際したいのなら、あなたもペンテコステにならないといけないと彼に言ったと思う。日曜日に映画を見に行こうよと言われても、ペンテコステは教会に行かなければならないから、あなたも教会に行きなさいよって。結婚してほしいと言われたとき、「あなたペンテコステね。」と言ったら、彼が「はい。」と言ったんじゃないかしら。

ヤンセン家がペンテコステ派の信仰者となったのは、ライラの父の時代からである。ライラの

トルヴァ・ヤンセン夫妻と子供たち、中央がライラ、シー、1948年
（ライラ・オデガードさん提供）

父はトルヴァ・ヤンセン、母はイングリ・マグダリーナ・ヤンセンといった。

キーステン・ハーゲンが初めてライラの家を訪ねたのは、彼女が生まれる一年ほど前の一九三八年だったという。ライラの父は歌が大好きだった。自宅で楽器を演奏し、みんなで歌い、聖書を読んで勉強会を催した。ライラの父と出会いミーティングに通うようになったことによって、キーステンは新しい生活を見つけることになった。キーステンは聖書を読んで勉強し、ペンテコステの熱心な信徒となった。

ヤンセン家とペンテコステ信仰とのかかわりは、ライラの祖父母の時代にさかのぼる。ライラの祖父は一八六七年生まれで、三十代になるまでオスロに住んでいたが、一九〇〇年代初めにシーへ移住した。祖父がシーへ移住して間もなく、一九〇五年にライラの父が生まれた。

ライラの祖父は建築業が本業だったが、農場など町から離れたところに郵便物を届ける仕事を始め、シーを中心とする一帯に郵便システムをつくったのも彼女の祖父だったという。シーの街ではカフェも営んでいた。この祖父母の時代に、ペンテコステ派の信仰がシーに伝わった。当初、人びとの多くは信徒たちの歌い踊る姿を敬遠し、「騒々しい宗教だ。」と言って不快感を示した。しかし、その信仰に触れ神の恵みを実感した人たちの間に、しだいに信奉者が増えていった。

ライラの祖父母の世代には、今も彼女が住んでいる地域一帯にペンテコステに救われた人が一五〇人ほどいたという。ライラの祖父がペンテコステの信仰とかかわったかどうかはわからないが、祖母が信仰をはじめたという。

シーの街とペンテコステ

シー（Ski）は、ノルウェーの首都オスロの南東約二十キロに位置する近郊の街である。オスロから鉄道で二十分ほど、車で三、四十分ぐらいである。

夏至を迎える六月、街の四方には一年中でもっとも美しい景色が広がる。起伏のある牧草地が続き、彼方に森が広がり、濃淡織りなす一面の緑がこの上なく目に柔らかい。木や草に咲く色とりどりの花の間を抜けていく小鳥のさえずり、澄みきった水と緑の調和、あたかも絵の世界に引き込まれたような錯覚におちいる。

アーケシュフース県南部フォロ地方の中心シーの都市化は、一九世紀後半の鉄道駅建設と陸軍部隊の駐屯によって本格化した。シーから西に向かう鉄道は一八七九年に、八二年には東に向かう線路が開通した。一九世紀末までに軍隊施設が次々と整備され、駅周辺には家具工場や製材所などが建ち、工場労働者が増えた。

一九世紀末から二〇世紀初めにかけて、駅の近くには郵便局や有力者の住宅が建設され、商業施設や公共施設が集まる地区が形成された。そして、一九二〇年代以降、特に三〇年代にシーの街は近代的な外観を備えるようになる。木造の街並みは不燃建築の街並みに代わり、駅の北側にモダニズム建築が出現した。次頁の写真の一つは、農場が広がるオデガード家の古写真であり、いま一つは一九四〇年頃のシー中心部の風景である。この二枚の写真からも、一九二〇年代から三〇年代におけるシーの変貌の様子がうかがえる（橋寺知子「ノルウェーの祈りの空間」『日本近現代史研究』第五号特集 Miss. ハーゲンと瀬戸、二〇一六年四月）。

シーの街にペンテコステ派の信仰が伝わり、信徒の小さな集まりができはじめたのは、ライラの祖父母の時代、一九一〇年代から二〇年代だった。近代の新しい信仰運動は、産業経済の発展にともなう旧来の共同体の変化、都市化と社会変動を背景に展開した。シーの街が大きく変わる一九一〇年代から二〇年代に、ペンテコステの信仰がこの地域の人びとの間に浸透したのである。

かつて私は、近代日本において巨大教団となった新宗教の天理教が、一八九〇年代の日本の産業革命期に全国的に展開し、資本主義が飛躍的に発展した第一次世界大戦後に大膨張を遂げた事実を取り上げ、『大正期の権力と民衆』（小山仁示編、法律文化社、一九八〇年）において「教派神

オデガード家所蔵の古写真（ハラルド・オデガードさん提供）

1940年頃のシー中心部（シー図書館アーカイブ Ski lokalhistoriske arkiv、資料番号：SKIH_038_028）

道の発展」と題し、その社会的、時代的背景を論述したことがある（拙著『天理教の史的研究』東方出版、一九九六年に収録）。それは、幕末・明治維新期に誕生した新宗教の天理教・金光教が資本主義の発達にともなう社会変動、とくに急激な都市化現象と密接な相関関係をもって展開したことを実証したものであった。日本と欧米、神道とキリスト教の違いはあっても、新しい信仰運動が資本主義の進行にともなう都市化現象、社会変動との関連で展開したことは興味深い事実である。

ペンテコステは、メソジスト・ホーリネスというキリスト教の新しい信仰運動の系譜をひいて発生した。二〇世紀初頭のアメリカにおいて、移住者や都市への流入者の間にペンテコステの信仰運動は出現した。B・ウイルソン著池田昭訳『セクト――その宗教社会学』（平凡社、一九七二年）の第五章は「ペンテコステ運動」について叙述していて、その中のヨーロッパのペンテコステ運動の冒頭に、次のように記されている。

アメリカにおいてペンテコステ運動の影響を早く受けた人々のなかには、非常に多くの外国人、とくに数系統のスカンジナビア人がいた。ペンテコステの動きを、最初にヨーロッパ、とくにノルウェーに初めて知らせた人は、オスロ・メソジストのシティ・ミッションの創始者で、イギリス人のT・B・バラットであった。

続いて同書は、このバラットが「とくに進んで確信するところがあって霊の洗礼を受け、異言を話した後に、ペンテコステ派福音主義者としてノルウェーに帰った。多くの点で、ノルウェーまた一般的にはスカンジナビアはそれを受け入れる素地のある地域であった。」と書いている。

米国からオスロに、ペンテコステ派の信仰が伝えられたのは一九〇六年だった。次いでバラットは、スウェーデンにその信仰運動を広め、さらにドイツとデンマークの同調者を訪れた。フィンランドのペンテコステ運動は、「ノルウェーのバプテストのゲルハルト・オルゼン・シュミットによって指導」されたという。

ライラの父と母

ライラの父トルヴァ・ヤンセンは、オスロのニーザーランドに「マーレミステ」(英語ではペインティングマスター)という塗装会社をもっていて、壁に絵を描く芸術家でもあった。十人ほどの社員を雇用していた。

オスロには、ビッグ3と呼ばれる大きな会社があって、その一つ「クリスティーアニア スピーゲルバルグ」という会社とライラの父は契約を結んでいた。この会社名は、首都オスロの旧名を使ったもので、「鍛冶屋」とか「釘」が語源である。

ライラの父と母が結婚した一九三四年当時は、ノルウェーでは仕事があまりない時代だった。「それで父は、塗装の仕事をはじめることにし、自分で会社をつくった。」とライラは言い、次のように語る(二〇一六年六月一三日、シー)。

父が雇って社員を使っていたのだけれど、これだけの仕事をしたとスピーゲルバルグに報告して、スピーゲルバルグの方からお金が出て社員に給料を支払っていた。スピーゲルバルグは親会社ではなくて、対等の契約関係で仕事の依頼を受けていました。彼はそこにも自分のデスクをもっていた。

父はオスロにあるいろんなホールの色を塗りました。ナショナルシアターの背景の絵を描いたのも彼です。

オスロの会社へはシーから車で通勤していました。当時近隣では、父が唯一車を持っている人でした。

父トルヴァ・ヤンセンが結婚して住んだところは、現在ライラの家がある隣の土地であった。「ペインティング　レッド」、すなわち「レッド　ハウス」で、「私の父が塗りました。」とライラは言う。今は同じ場所にプール付きの新しい家が建っていて、ライラの次女ハイディと孫娘イングリたち家族が住んでいる。ライラの母の名、すなわち祖母の名をもらった高校生の孫娘イングリ・テレサ・ソルバンは、一五

15歳の民族衣装を身につけたイングリ・テレサ・ソルバン、シー、2016年６月（著者撮影）

歳のナショナルデーに着た民族衣装を披露しながら次のように説明した（二〇一六年六月一三日、シー）。

金物は必ず銀。飾りは自分の出身の場所を示しています。アクセサリーとかは、地域特有のものがあって、胸の飾り、後ろに三角形のもの、それが地域を表わしています。これは地域かどうかわからないけれど、本当は膝までの黒いソックスを履かないといけない。土地によっては赤いところも緑のところもあり、私が住んでいるシーの地域では黒いソックスを履きます。ナショナルデーは五月一七日ですから、この日にはいろんな衣装が見られますよ。

ライラの父と母が結婚したのは、一九三四年だった。父も母もシーの出身で、どちらの姓もヤンセンだった。母は一九一一年生まれで、その時すでにライラの祖父母はペンテコステ派の信徒となっていた。母は一五歳の時にペンテコステの洗礼を受けた。ペンテコステでは、自分の意志で洗礼を受けることになっていたからである。

ライラの母は少女時代からペンテコステの信仰者だったが、父の信仰歴は母とは違っていた。父トルヴァ・ヤンセンがペンテコステの信仰に救われたのは二七歳の時、すなわち母と結婚する二年前のことであった。父から聞いた話をライラは次のように語る（二〇一六年六月一三日、シー）。

結婚前の父は、いつも夜遅くまで働き、徹夜をしたりすると食事を抜くこともあり、お酒だけをたくさん飲んでいたそうです。ある日急に、こんな生活をしていてはいけないと、はっ

シーのペンテコステ派サーレン教会、1940年代
（ライラ・オデガードさん提供）

と気づいた。けがをしたとか病気になったとかではなくて、それまでの「自分の生活はいけない。」と目が覚めたのです。突然に、はっと気づいたのは、まさに聖霊のはたらきだったのであり、救われた父はそれまでの不規則な生活を捨てて、神とともに生きていきますという約束をした。

ライラの父が自宅で聖書を読む会を催し、ペンテコステのミーティングを始めたのは結婚後のことであった。ここに通って信仰者となったのがキーステン・ハーゲンだった。ペンテコステ派シー教会で洗礼を受けた彼女は、やがて神のコーリングを受けて宣教師となる決意をする。教会のみんなは、宣教師として海外に派遣する彼女をサポートすることにした。ライラの父も彼女をサポートした。

シーの教会では、当時キーステン・ハーゲン以外にもコーリングがあって宣教師として海外へ行きたいと言った人がいた。だが、経済的な理由や親が絶対に反対などの理由で断念せざるをえなかったという。

ペンテコステ宣教と日本

ペンテコステ信仰運動の日本への伝播は、大正初期にさかのぼり二つの流れが存在する。その一つは一九一三年（大正二）にアメリカから来日したレオナルド・クートによる宣教であり、いま一つはアメリカから同じ年に来日したジョルゲンセン一家によるものである。

クートの宣教は一九二九年（昭和四）に大阪府と奈良県を画する生駒山に開校された生駒聖書学院として実を結んだが、三九年の国外退去により戦時下にはその活動は中断した。クートの再来日は戦後の一九五〇年であった。翌五一年には、大阪市西成区に「大阪救霊会館」が開設された。クートの娘ルースと結婚したベルは、結婚後夫婦で来日し伝道を開始した。五七年に石切で最初のテント集会が行われ、その後六〇年代初めにかけて大阪府内の石切・布施・四條畷・茨木に教会が設立された。六三年にはベル夫妻が東京に移住し、東京での開拓伝道が進められた。クートファミリーについては、大阪城東福音教会青木保憲牧師（同志社大学嘱託講師・神学博士）の研究が詳しい。同氏にはレオナルド・クートの宣教活動にはじまる二つの団体、すなわちＵＰＣ（ユナイテッド・ペンテコスタル・チャーチ）と、ＮＴＣ（ネクスト・タウンズ・クルセード）の比較検討を通してそれぞれの歴史を解明した研究があり、本書のクートに関する記述はそれによっている。

クートと同じ大正初期に来日したジョルゲンセン一家の宣教は、戦後の一九四九年に結成された「日本アッセンブリーズ・オブ・ゴッド教団」につながっている。五〇年には東京都豊島区駒込の同教団本部に隣接して「中央聖書神学校」が設置された。青木保憲牧師は、「関西の聖書学校は、ＩＢＣ（生駒聖書学院）とＫＢＩ（関西聖書学院）、関東はアッセンブリーズ・オブ・ゴッドの中央聖書神学校、これは日本全国ですね。」と言い、「アメリカから戦後日本に入った北欧系の流れには、シアトルのフィラデルフィア教会とミネアポリスの教会からの宣教があります。フィラデルフィアはノルウェー系、ミネアポリスはスウェーデン系です。」と語る（二〇一五年五月二八日、生駒）。

アメリカから日本へ入ったペンテコステの宣教史には、青木牧師の研究がみられるものの、戦後中国から台湾を経て日本に入り、それを引き継ぐかたちで直接北欧から伝道された宣教史の研究は皆無である。実は宣教に携わっている人たちでさえ、その全体像はもちろん詳細な史実を知らないのが現状である。戦後の北欧からの宣教と日本人との交わりの史実は、いま調査し記録しておかなければ、歴史の彼方に永遠に消え去ってしまうのではないかと思われる。

関西聖書学院は、中国に派遣されていた北欧のペンテコステ派宣教師夫妻が、共産革命に追われ台湾経由で日本に入ったことから始まった。大阪に着いたスウェーデン人のヤンソン夫妻は、一九五〇年から堺で宣教を始め、六一年から教会と宣教師宅に一年コースの小さな聖書学院を設けた。翌年には福音聖書学院の校名がつけられた。数年後、兵庫県西宮市の関西学院大学隣接地に学生寮を建てて学生伝道を行っていたペトリ宣教師の勧めによって、その学生寮の一角に福音聖書学院が移転し関西聖書学院と称することになった。この関西聖書学院が生駒の現在地に移転したのは二〇〇五年だが、移転には九五年の阪神・淡路大震災が大きく影響していた。なお、聖書学院が同居した学生寮に隣接する関西学院大学は、一八八九年にアメリカの南メソジスト監督教会の宣教師ランバスが設けた英和学校にはじまる。

関西聖書学院が中国から台湾を経て日本に入ったスウェーデン人宣教師夫妻の伝道からはじまったことは、戦後の北欧自由ミッションの宣教史のうえで重要である。関西聖書学院の大田裕作院長は、「この聖書学院は、スウェーデンのペンテコステ派宣教団の流れを汲んでいる。」と話す（二〇一五年五月二八日、生駒）。

戦後、中国大陸から台湾を経て日本に入ったノルウェー・スウェーデン・デンマーク・フィンランドの宣教師たちの多くは、関西と中部地方で開拓伝道を行った。宣教によって開拓された信徒たちの中から聖書学校へ入る人たちが現れる。宣教師の勧めを受け、あるいは自らすすんで牧師を目指す者もあった。彼らは西宮にあった関西聖書学院へ入るか、東京の中央聖書神学校に入校した。聖書学校の学費や生活費は、宣教師を派遣した本国の教会の支援によって賄われた。

現在、北欧のペンテコステ派宣教師によってその伝道地に設立された教会は、単立ペンテコステ教会となり、単立ペンテコステ教会フェローシップ（ＴＰＫＦ）という組織に加盟している。

ちなみに、二〇一四年には、ノルウェー・ペンテコステ海外宣教団（ＰＹＭ）と日本の単立ペンテコステ教会フェローシップ（ＴＰＫＦ）との間にパートナーシップが結ばれ、「パートナーの間の関係を強化し維持すること」や「共通の働きに関して、相互理解を確立すること」などが確認されている（「Partnership Agreement」）。署名者は、ノルウェー・ＰＹＭ代表事務局長ビョン・ビョルノとＰＹＭ日本宣教委員会議長カール・ラヴォス、ＴＰＫＦ議長中見透・ＴＰＫＦ副議長小山大三・ＴＰＫＦ書記中坊久行である。カール・ラヴォスは、ハーゲンの開拓伝道によって設立された瀬戸市の教会で宣教師として活動したことがあった。中坊久行はフィンランドミッションの開拓にはじまる宇治市の教会の牧師であり、小山大三はシアトルのフィラデルフィア教会の宣教師ボルゲにはじまる各務原市の教会の牧師である。表面上は組織が整っているかにみえるが、実際には各教会はあくまで単独活動であり、ノルウェーの海外宣教団もしっかりとした本部組織を備えているわけではない。したがって、宣教資料も一か所にまとまっては残っていない。

第四章　一枚の写真から、福井伝道

「自由キリスト教宣教団」

愛知県瀬戸市在住の加藤訓・麗子夫妻のアルバムに、北欧自由ミッションの宣教師たちが一堂に会した一枚の写真が貼られている。そこには六人の子供を含む男女三〇人が写っていて、ハーゲン・ベルゲ・ルドルフらの顔がみえる。二列目中央のベルゲはまっすぐ前を見て微笑み、ハーゲンはその横で身体をやや斜めにして正面を見つめている。それは戦後日本で伝道に従事した、北欧のペンテコステ派宣教師たちを一団の形でとらえうる唯一の写真である。

二人のデンマーク人女性宣教師のほかは、すべてノルウェー人である。彼らのほとんどは、本国の教会からそれぞれに中国へ派遣され、共産軍に追われて台湾に逃れたのち日本に入った。五〇年代前半から日本伝道に従事した彼らは、出身教会から個々に経済的支援を受けていたが、宣教を統一的に指揮する組織はもたなかった。宣教師たちは、別々の町のペンテコステ教会から派遣され自由意志で伝道に携わったが、日本に入った彼らの間に自然な形で協力組織が形成された。

北欧自由キリスト教宣教団、福井、1955年（加藤麗子さん提供）

それが「北欧自由キリスト教宣教団」（スカンディナビアン・フリー・クリスチャン・ミッション）である。

彼らが台湾から日本へ移動したときの様子をみると、決して統一的に行動したのでなかったことがわかる。彼らの動きの重要な要素は、それぞれがすでに持っていた、あるいは新たに持ちえた人と人とのつながりだった。ハーゲンが台湾の彰化で新たに得たのは、名古屋の金城学院とのつながりであったし、ルドルフが台湾で得たのはフィンランドやスウェーデンのペンテコステ派宣教師とのつながりだった。そのつながりには偶然性が多分にあったが、宣教師間の横の連絡の中で日本に移動したノルウェー人宣教師とデンマーク人宣教師による宣教上の協力組織が生まれた。そして彼らは、特に聖書学校との関係では、スウェーデンやフィンランドのペンテコステ派宣教師と協力関係を築いた。

ところで、この「北欧自由キリスト教宣教団」の宣教師たちの写真は、いったいどこで撮影されたのだろう。当初私は、その場所を特定することができなかった。愛知県瀬戸市ではわからなかった撮影場所が、実は福井市の福井自由キリスト教会を訪ねたことによって明らかになった。同教会の川瀬清文牧師は「わからないですね。」と言い、いちばん古くからの信徒だという東賢治はしばらくじっと写真を見つめていた。写真に写っている建物を見ながら、軒の形や建具などをなぞるように手を動かしながら考えていた東は、「これは福井市内にあった宣教師館の庭です。間違いないと思います。」と証言した（二〇一五年一二月二二日、福井）。

福井市内にあった宣教師館は、関西と中部地方で一九五〇年代に開拓伝道に従事したノルウェーとデンマークの宣教師たちの活動拠点となっていた。現在は、宣教師館があった福井市田原二丁目二五―二二に文教ゴスペルセンターが建っている。宣教師館が取り壊されてから、どれほどの歳月が経過したのであろう。今では彼らの宣教によって設立された福井県内の教会関係者のなかにも、当時を知る人はほとんどいない。

福井市田原に宣教師館が設けられたのは一九五五年だった。前頁の写真、前列左端に座っているスーツ姿の男性がウイリー・ルドルフである。ルドルフの右に、妻エリン・娘ビヨルグ・息子ジョンウィリーの三人が並んでいる。ルドルフは、「北欧自由キリスト教宣教団」のリーダー的役割を担ったという。彼の息子ジョンウィリーの右に座っているのは、ハーゲンとともに台湾の彰化にいたベルタ・バッケンである。彼女はハーゲンより一年遅れて五一年に日本へ移動し、福井県の勝山で伝道したのちタイへ行った（ランヒル・ラヴォスの資料による）。

バッケンの右二人の女性は、デンマークのペンテコステ教会から派遣されたヘレン・リースとアンナ・ブルーンである。一九四六年に、それぞれの所属教会から別々に中国大陸に派遣されたリースとブルーンは、四九年に共産軍による軟禁状態を脱して昆明から重慶へ、重慶から香港へと逃避し、神戸に着いたのが五〇年末だった（ヘレン・リース、アンナ・ブルーン「小松宣教三十三年間に見る主の御業」『主のみわざ　小松ベタニヤ福音教会宣教三三年記念誌』一九八七年刊）。

この二人について、加藤麗子は、「台湾の彰化で見た気がする。」と言う。麗子は日本に留学した彰化キリスト教会牧師の三女麗娟であり、彼女の記憶に間違いなければ、デンマーク人宣教師のリースとブルーンは香港から直接神戸に渡航したのではなく、台湾を経て神戸に向かったことになる。当時の状況からみると、おそらくその可能性は高いと思われる。

開拓伝道の地域

99頁写真の二列目右から五人目がキーステン・ハーゲンである。ハーゲンの左がオーゴット・ベルゲ、ハーゲンの右がオルガ・スカウゲ、二列目右端がダニー・グルブランスンである。いずれも一九五〇年~五一年にかけて、台湾から日本へ移動した。スカウゲは、五一年夏から福井県の三国で開拓伝道を始めている（オルガ・スカウゲ「主の御言葉は真実」『宣教三〇周年記念』三国自由キリスト教会、一九八二年）。グルブランスンは、先着のルドルフたちに京都で迎えられ、しばらくして福井県武生市（現・越前市）における開拓伝道に加わった（『主のみわざ　武生自由キリスト教会宣教三〇周年記念』一九八二年刊)。

三列目左から二人目の男性はアーヌルフ・ソルボール。二列目右から二人目がその妻アーネ。左端の男の子二人と女の子一人は夫妻の子供である。ソルボール夫妻も最初は中国に派遣されたが、共産革命から逃れたのち五一年に日本へ移動した。夫妻は神戸の須磨で開拓伝道を開始した。

ソルボールは建築の知識があり、来日したあと宣教師館をあちこちに建てたという。瀬戸市南山町にハーゲンの宣教師館を建てたのもソルボールだった。彼が建てた宣教師館について、「いわゆるツー・バイ・フォー工法です。柱なしで板を釘で打ち付けるやり方ですね。当時神戸の須磨にいたソルボール宣教師が設計し、日本の大工さんが協力して建てました。」と、加藤訓は話す(二〇一六年一月一六日、瀬戸)。

「あのとき、『こんな家を建てるのはごめんだ。』と、日本の大工につむじを曲げられたのには困った。」と語るのは磯部清二である。「家っていうのは、のみで彫りを入れてしっかり組んで建てるもんだ。」と大工は言い、「建前に酒も出さんのか。」と怒ったという。「『酒は出さない。』とソルボールは言うし、『明日から来ない。』と大工は怒るから、ぼくは『勘弁してくれ。』と何回も頼みに行った。」と磯部は言う(二〇一七年二月二〇日、尾張旭)。

写真の三列目右から、マルサ・ミヨス、アンナ・ヨルゲンスン、ヨハンナ・グンダスン、そして一人とんでエーデル・ヌーリ、その横の子供を抱いている男性がオーゲ・トープ、その左が彼の妻アンネ・トープで、オーゲ・トープの前に立っているのがルース・ピータソンだと、夫と話しながら次々と名前をあげた加藤麗子は、「この人たち、台湾を経て日本に来た宣教師たちです。」と言い、「あの人は入ってないね、ハスピージュ宣教師。」と言って、少し考える様子であった（二〇一六年一月一六日、瀬戸）。

麗子の姉麗珍が「スウェーデンの宣教師だった。」と証言するハスピージュについては、ストックホルムのペンテコステ宣教本部を二〇一六年六月に訪ねて調査したが確認できなかった。

瀬戸南山の宣教師館、1955年（キーステン・ハーゲンさんのアルバムより）

台湾の彰化から日本に留学した麗珍・麗娟以外に、ハスピージュとその家族の消息について知るものはいない。ハスピージュが日本に来ていたとしても、スウェーデン人だった彼は、ノルウェーとデンマークの宣教師たちの協力組織「自由キリスト教宣教団」には加わらなかったのではなかろうか。

ところで、子供を抱くトープの前に立っているピータソンは、オスロのフィラデルフィア教会から派遣された宣教師だった。一九五〇年に神戸に上陸し、灘区を中心に開拓伝道を開始し、六五年頃まで活動したという（ランヒル・ラヴォスの資料による）。ソルボール夫妻による宣教は「須磨自由キリスト教会」となり、ピータソンの開拓伝道は「神戸フィラデルフィア教会」となった（『ＦＣＭＦ五十周年記念誌』二〇〇一年刊）。

愛知県で伝道を開始したのは、ハーゲン・ベルゲ・ミヨスの三人だった。神戸で活動したのがソルボールとピータソンの二人。この二人とハーゲンを除く他の宣教師たちは、それぞれに福井県各地と石川県小松に入って開拓伝道を進めた。福井県での広範な開拓伝道は、ベルゲとルドルフが京都在住の一人の女性クリスチャンと出会ったことが契機となった。重要なきっかけは、人と人との関係性と偶然性によってもたらされた。

なお、ヌーリについては、二〇一六年暮れの石川県での調査の折、偶然に出会ったグン・クラセイエ宣教師から新情報がもたらされた。来日して間もないクラセイエ宣教師は、「日本語はまだ話せない。」と英語で言う。たまたま居合わせた彼女が、私が広げた写真の拡大コピーをのぞき込んで、「ヌーリがいる。」と言い出した。「ご存じなんですか。」と尋ねると、「ヌーリは父のいとこです。」と言う。

エーデル・ヌーリは、オスロ近郊の街エイズヴォールのペンテコステ派ホオプト教会から日本に派遣された。ヌーリは、宣教中に富山県高岡市の男性と結婚した。長男と結婚したので、その家族との間で苦労したらしい。ヌーリは二〇〇二年に、故郷エイズヴォールで亡くなった。そのとき、彼女の夫が三か月ほどノルウェーに滞在したという。その後の調査の中で、夫婦の間に男の子が一人いたことと、生活の様子などを断片的に聞く機会はあったが、家族についての詳細は不明である。

京都のナザレン教会信徒

西出静枝は京都のナザレン教会の信徒だった。官吏の娘だった静枝は、五条大橋の東で育った。近くにナザレン教会があり、少女時代からよく集会に通った。堀川女学校から女子英学塾（一九三三年に津田英学塾と改称、現・津田塾大学）に進み、卒業後京都に帰り一九二三年（大正一二）に五条の伝道館で洗礼を受けた。

ナザレン教会は、一九世紀におけるアメリカの新しい信仰運動の中で誕生した。米国メソジスト監督教会から分離したのち、二〇世紀初頭にホーリネス派の支援を受けた宣教師によって日本伝道が開始された。ナザレン教会は、アメリカにおける新信仰運動の系譜をひくという点において、ペンテコステ派の信仰運動と枝分かれの元を同じくしている。

受洗して二年後に、静枝は結婚して西出姓となり、上京区小山下内河原町（現・北区）に住み上京のナザレン教会へ転籍した。小山下内河原町から、彼女は日曜日ごとに子供をつれて礼拝に参加したという。

終戦後の一九四八年（昭和二三）に、静枝の夫は京福電鉄の福井支社長となり単身赴任した。当時は、西出の家族は右京区の鳴滝に住んでいた。

夫が着任して間もなく福井に大地震が発生した。六月二八日夕方の福井震災による県内の死者・行方不明者は三八五八人、被害総戸数は四万六一一五戸にのぼった。本震後の火災による福井市内の消失戸数は二四〇七戸であった。市街の八四・八パーセントが壊滅した四五年七月一九日の福井空襲からようやく復興しつつあった福井市は、震災によって再び大きな被害をうけた（『福井県史』通史編六、一九九六年）。

西出静枝の夫は、三国海岸の知人の別荘を借りて引っ越した。妻の静枝は、大きくなってそれぞれ学校に通う子たちを京都の自宅に残し、ほとんどを三国で暮らすことにした。五〇年になって京都の自宅に帰った静枝は、「不思議な神の導きにより」、フィンランド人宣教師の「カルナ夫妻」と知り合った（西出静枝『福井伝道のあゆみ』一九七五年刊）。

フィンランドの日本伝道資料によると、中国大陸へ宣教師として派遣されたタパニ・カルナとその妻レアは、共産主義革命に追われて雲南から台湾へ移動し、台湾から日本に入って大阪にしばらく住んだのち五〇年八月に京都に移った。

カルナ夫妻と知り合った西出静枝が、「何かお役に立つこと」があればと言うと、「お手伝いさんが欲しい」とのことだった。それで、「恰好《かっこう》の方をみつけてお世話など」していたところ、しばらくすると、今度は「ノルウェーの牧師で支那伝道が閉鎖され間もなく日本へ来る家族があるので、その人達の住む家を探して欲しい」との依頼があった。彼女は「自宅鳴滝の近所」に、大きな屋敷に一人住まいの女性がいることに気づき貸室を頼んでみた。はじめ難色を示していた女性は、西出静枝が保証人になるということで承諾したという。

ボルゲ宣教師の妻とオーゴット・ベルゲ（右）、岐阜、1957年（円山茂治さん提供）

ベルゲ、スカウゲと西出静枝

「福井県の武生に来てください。」と、西出静枝にベルゲが呼ばれたのは、一九五二年（昭和二七）三月だった。ベルゲはその時、愛知県東春日井郡守山町（現・名古屋市守山区）の金城学院の職員宿舎に住んでいた。五〇年に名古屋に入り、彼女といっしょに住んだハーゲンは、一年余り前に瀬戸の窯神町に移っていた。

北陸本線の武生駅を出たベルゲは、浪花町の斎藤家へ向かった。その日の空は重く、街はどんよりと暗かった。「はたして武生で、主の働きのために家を借りることができるのだろうか。」とベルゲは思いながら、西出と並んで雪解けの道を歩いた（「武生自由キリスト教会の始まり」『主のみわざ　武生自由キリスト教会宣教三〇周年記念』一九八二年刊）。

斎藤家は西出の遠縁にあたり、母と娘のふたりが大きな屋敷に住んでいた。幸いにもベルゲは、邸内の二階建ての離れをそのまま貸してもらえることになった。彼女は一週間後に、「愛するメイドの吉田さん」をつれて武生に引っ越した。ベルゲが名古屋で導いた若い女性の吉田は、集会での通訳もつとめたという。

ベルゲと吉田が武生に引っ越して数日後、京都にいたグルブランスンが合流した。三人は、「二階の部屋を住居」にして、「階下の大部屋で集会」を開始した（ダニー・グルブランスン「武生教会の兄姉へ」前掲『武生自由キリスト教会宣教三〇周年記念』）。

ある日、ベルゲは京都にいるルドルフに電話をした。武生での宣教開始のことなどを話したところ、ルドルフは「一家族と二人の宣教師のために」住む場所が用意されていると聞き違えて、翌日早々に武生にやって来たという。この時に、ルドルフ宣教師は「武生で仕事を始めようと心に決めたようでした」と、のちにオーゴット・ベルゲは記している（前掲「武生自由キリスト教会の始まり」）。ベルゲとグルブランスンは、武生に引っ越して来たルドルフ一家に、斎藤家の離れの二階を明け渡して近くに住まいを移した。

これより先の五一年八月に、オルガ・スカウゲが福井県坂井郡三国町（現・坂井市）に入って開拓伝道を開始している。スカウゲを三国に導き、彼女に住まいを紹介したのも西出静枝だった。スカウゲは、初めて三国を訪ねた五一年の暑い日を思い出して、「クリスチャンがひとりもいない環境の中で、私は地の果てに来たという感じでした」と記している。日本語がまったくできなかったスカウゲは、「お寺を借りて集会」をしたことがあり、「お坊さんに通訳をして頂いたということもありました」と回想している（オルガ・スカウゲ「主の御言葉は真実」『三国自由キリスト教会宣教三〇周年記念』一九八二年刊）。

九頭竜川の河口の三国湊は、古くは北前船の拠点だった。三国湊の北には、観光名所の東尋坊がある。北陸本線の福井駅でえちぜん鉄道に乗り換えて三国に向かう。スカウゲが三国を訪ねた当時、この線は京福電鉄といった。

その日、荻原蓉子は父に帰省を促され実家に帰るところだった。福井駅で汽車を降り、京福電車に乗り換えて発車を待っていると、珍しくも、大きなスーツケースを提げた、ひとりの「外国婦人」が彼女の前に立った。蓉子は座を詰めて席を譲った。

英語で話しかけられたスカウゲはびっくりした様子だったが、宣教師だと応え、ノルウェーという小さな国から遣わされて三国の町へ伝道に行くのだと、うれしそうな表情で話す。蓉子は耳を疑った。「教会はありますか？　信者さんは？」と尋ねると、信者も教会もないと言う。おまけに通訳はいないが神がいると言う。「私はびっくりして席から落ちそうになった」と、のちに蓉子は回想している。

クリスチャンだった両親の勧めでミッションスクールに進んだ蓉子は、卒業の年の八月にまだ就職先が決まらなかった。病弱だった蓉子は、どこを受けても最後の健康診断で落とされた。失意を胸に父母のもとに帰るところだった。蓉子は名前と住所を告げて西福井駅で降りた。窓から手を振るスカウゲを見送りながら、蓉子はその勇気と生き生きとした眼差しに畏敬の念を抱いてプラットホームに立ちすくんだ。

二日後、スカウゲが蓉子の自宅を訪ねて来た。蓉子と彼女の両親を前にして、「私が祈っていた通訳が此処に居る」「一緒に三国に来て伝道を手伝ってください」と頼んだという。蓉子の母は、彼女をスカウゲに託すことにした。「こうして、私は京都の米国センターにでもなく、ノートルダム女学院でもなく」「夢にも考えなかった三国という、うらぶれた小さい町の集会所でお手伝いさせて頂くことになった」と、のちに蓉子は記している（「出会い」、前掲『主のみわざ　三国自由キリスト教会宣教三〇周年記念』）。

このようにみてくると、武生においても三国においても、開拓伝道の開始にあたり、西出静枝が直接的な役割を果たしていたことがわかる。そして、より注目されるのは、武生と三国における宣教活動が福井市内への進出を準備し「自由キリスト教宣教団」の県内における開拓伝道展開の足場となったことであろう。

スカウゲが三国を訪ねた同じ月に、デンマーク人宣教師のリースとブルーンのふたりが、やはり西出の招きで三国に着き、福井県内の丸岡・金津から石川県小松へと宣教を展開し、彼女たちに続いて三国に来たアンネ・バッコは福井県の勝山へ伝道した。バッコはまもなく日本でトープと結婚し夫婦で活動した。そして、バッケンやハウゲンは、各地の伝道開拓を支える役割を果たした。

ルドルフとその家族

ウイリー・ルドルフの妻エリンは、一九八二年（昭和五七）刊の武生自由キリスト教会三〇周年記念誌に、「武生教会の皆様へ」という一文をノルウェーから寄せている。彼女はその中で、「特に最近は、一九五一年、主人と共に初めて日本に着いた時の事を思い起こしております」と記している。夫ウイリーは、二年前に八〇歳で亡くなっていたので、エリンひとりのメッセージとなった。

ルドルフ夫妻と、その娘ビヨルグ、息子ジョンウィリーの四人が、台湾を発って日本に着いたのは、「一九五一年」であった。この家族の「住む家を探して欲しい」と、西出静枝に依頼したフィンランド人宣教師タパニ・カルナ夫妻が、大阪から京都に入ったのは五〇年の八月だった。カルナが西出に対して、「間もなく日本へ来る家族があるので」と言って、彼らの住むところを依頼したのは五一年の初めだったようである。

京都に落ち着いたルドルフ一家は、一年余りの間、日本語学校へ通うなどして過ごした。カルナ夫妻とルドルフ一家はどこで知り合ったのだろう。ヘルシンキのサーレム教会から派遣され雲南にカルナはいたというから、北京にいたルドルフとは会う機会はない。カルナ夫妻とルドルフ一家が知り合ったのは台湾に逃れてからであろう。そして、先に日本に向かったカルナと、まだ数か月から一年ほど台湾にいたルドルフとは互いに連絡を取り合っていたことが、西出静枝の手記からわかる。

ところで、ルドルフ宣教師とその妻エリンが、ノルウェーのフィラデルフィア教会から最初に中国へ派遣されたのは、前掲のランヒル・ラヴォスの資料などから推察すると一九三〇年代だったように思われる。フィンランドのペンテコステ派ミッションの中国伝道は、一九三〇年代に始まっている（『栄光の道　ＦＦＭ日本宣教六十年史』二〇一〇年刊）。コペンハーゲンでの私の調査では、デンマークのペンテコステ派教会から派遣された宣教師も、やはり三〇年代に中国での宣教を進めている。戦前から中国での宣教経験をもつルドルフ夫妻が、戦後一足先に中国に入り、ベルゲやハーゲンたちを北京で迎えたのではなかろうか。

ちなみに、瀬戸サレム教会の加藤訓・麗子夫妻によると、ルドルフの娘ビヨルグは、日本へ来た時すでに宣教師だったとのことである。彼女はのちに日本で結婚し、夫とともに山梨方面で伝道に従事したという（二〇一六年一月一六日、瀬戸）。福井自由キリスト教会の東賢治によると、息子のジョンウィリーは成人して会社員となった。「ルドルフ先生が亡くなってから、ジョンウィリーが福井に来たことがあった。」「懐かしくて訪ねたのでしょうね。」と東は言う（二〇一五年一二月二二日、福井）。

武生から福井へ

武生は福井県北部日野川の沿岸低地武生盆地に位置し、明治以前は府中と呼ばれた。古代において、ここが越前国府の所在地だったからである。

江戸時代には、福井藩家老本多氏の館が置かれた。北陸街道の宿場でもあったこの町は、周辺地域の商業の中心都市として発展した。明治末期から織物業、大正期からは化学肥料、電機機械など近代工業が立地した。特に戦後復興期から、繊維工業・電機工業・化学工業などが大いに発展した（『武生市史』概説編、一九七六年）。

オーゴット・ベルゲが武生での開拓伝道に着手して一年後、オーセ・ハウゲンがノルウェーから武生に着いた。この時ベルゲは一時休暇で帰国中だった。武生に一か月ほど住んだのち、ハウゲンは、やはり一時帰国するキーステン・ハーゲンの留守を預かって瀬戸の窯神に三か月余り住んだ。その後ハウゲンは、デンマーク人宣教師が開拓した小松と金津で宣教に携わり、五七年秋から六年間三国自由キリスト教会の宣教師をつとめ、その四年後六七年三月に武生自由キリスト教会に赴任し、八五年に引退して帰国するまで同教会の宣教師をつとめた。だからハウゲンは、武生自由キリスト教会の三〇周年と新会堂建設を教会員とともに祝い、記念誌巻頭の序も書いた。

ハウゲンは日本語が堪能だっただけでなく、彼女の記録は正確である。記念誌の序の中で、「いちばん最初に来られたベルゲ先生」と書き、斎藤家の「離れを借り受けて教会活動」をしていたが、その後「織物工場を貸して頂き、内部を改造し、教会を旭町に移すこと」になったと記している。五四年四月の旭町への教会移転と同時に、恩恵《めぐみ》幼稚園を併設することになった。武生市で唯一のキリスト教幼稚園だった。

ルドルフ一家は、一九五五年（昭和三〇）に福井市田原町へ移った。一時帰国から武生にも

オーセ・ハウゲンと麗珍、
瀬戸、1953年
(磯部清二さん提供)

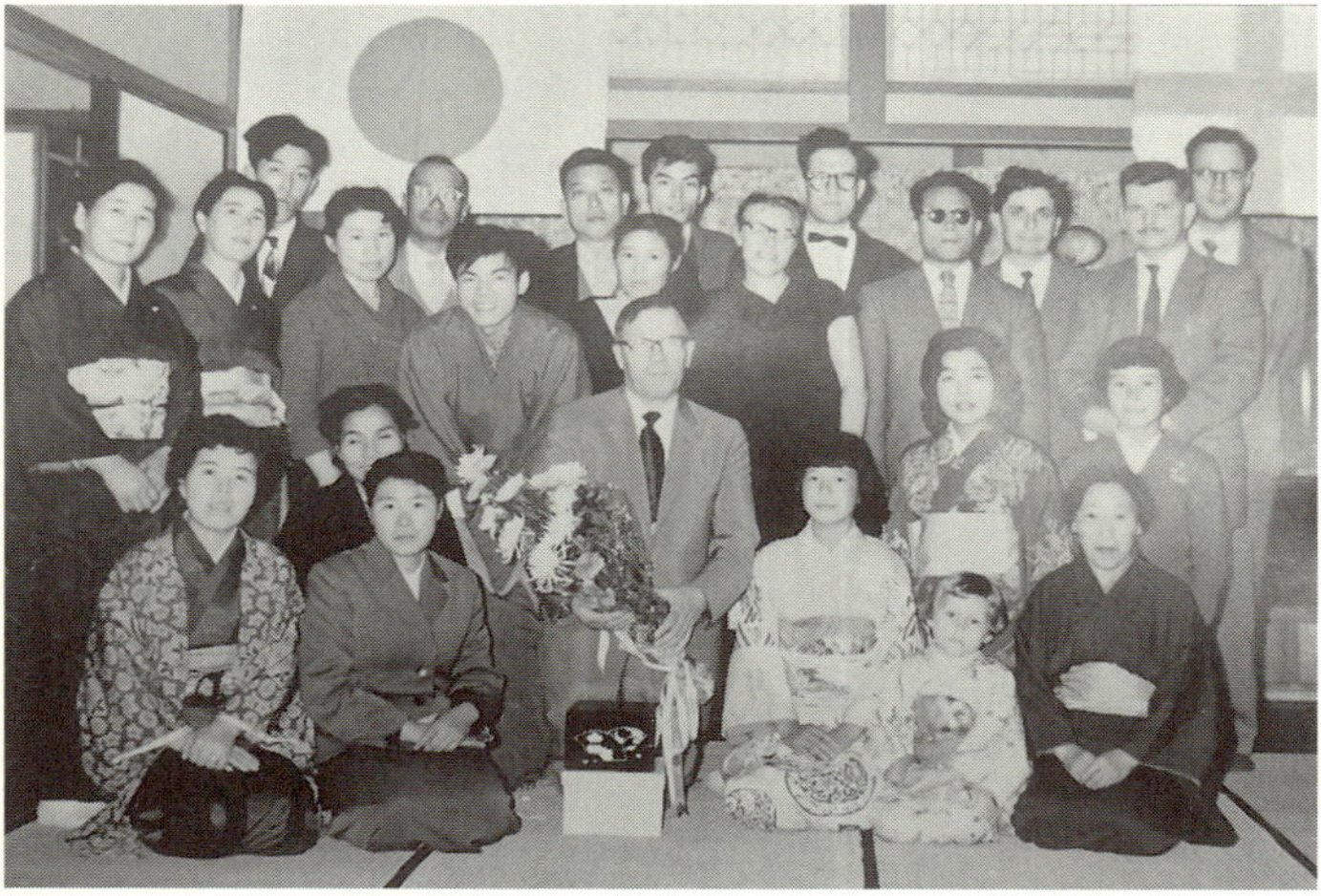

福井自由キリスト召会、右端が竹内清子、福井、1958年（東賢治さん提供）

どったベルゲと、グルブランスンのふたりが武生での宣教を継続した。五五年六月には武生市清川町に土地を求め、五六年一月に宣教師館が建てられた。

ウイリー・ルドルフによる福井市内での宣教は、五四年の秋に開始された。市内を流れる足羽川の南、木田地域でテント伝道が行われた。竹内清子は、「聖歌が聞こえますよ。」と、息子の嫁に教えられ、家を飛び出して近くに張られたテントに飛び込んだ（『足跡』福井自由キリスト教会刊、一九七七年）。竹内家の家族は戦前からキリスト教の感化を受けていたが、戦時中に遠ざかっていた。その宗派や事情は定かではないが、東賢治によると、竹内清子の親族のなかに戦中に取り締まられ入獄した人があったという（二〇一五年一二月二二日、福井）。

彼女が飛び込んだテントには、ルドルフの家族と通訳の荻原蓉子らがいた。ルドルフは日本語を話したが説教は英語だった。ルドルフらの伝道に接した竹内清子は、自宅を開放し集会所として使ってもらうことにした。彼女の自宅が「福井自由キリスト召会」となった。

第五章　十字架の幻を見た青年

大阪市港区に育つ

一九三一年（昭和六）五月生まれの円山茂治は、旧制中学一年まで大阪市港区で過ごした。大阪府の東成・西成両郡全域が大阪市に編入されたのは一九二五年（大正一四）だった。港区はこのときに旧西成郡の九条・市岡・築港・三軒家・泉尾の五地区で構成された。三軒家と泉尾地区は、一九三二年に大正区として分区した。

茂治は三八年に市岡第五尋常小学校に入学した。四一年の国民学校令の公布によって、同校は魁《さきがけ》国民学校となった。茂治の四年生のときである。円山茂治は「近くに住友の職工学校があった。」と言う（二〇一六年八月四日、北広島）。一九一六年に開校された住友私立職工養成所は、港区魁町一丁目にあった。三年制だった同校は、一九四二年から五年制の財団法人住友工業学校となった。魁国民学校も住友工業学校も、四五年三月の第一次大阪大空襲で全焼した。

茂治の父は新潟の高田の出身だった。日蓮宗寺院の住職だった祖父は酒好きで相当の酒豪だった。医者だった曽祖父も酒好きだったというから、大酒飲みが二代続いた。祖父は大酒に加えて女性関係もあった。それが嫌で、茂治の父は小学校を終え商業学校を卒業したのち、高田の実家を出て大阪に移り住み、自分の人生を歩むことにしたのだという。父から聞いた祖父の話は、一般的にみれば茂治個人の人生とは直接的には関係がないように思える。だが実は、この話は、のちにペンテコステ派の洗礼を受けて宣教師・牧師となった円山茂治が自らの系譜として語ったものであり、したがってそれは彼の信仰生活、あるいは信仰に至る倫理上の背景として意味をもつ回想とみてよい。

大阪に出た茂治の父は、指輪職人になろうとした。職人修業は容易ではなかった。「昔はたいへんだった。ちょっとした失敗があったとき、父親は金槌で頭を殴られ、ずっと頭が痛かった。」「いつも薬を飲んでいた。」と円山茂治は言う（二〇一七年八月二四日、北広島）。弟子入りした親方は、福井県の鯖江出身だった。この親方が郷里の女性を茂治の父とめあわせた。商売上手だった茂治の父は、のちに港区に円山時計店を構え、職人を使うようになった。

円山時計店は市岡元町にあった。家の前は表通りで市電が走っていた。斜め前に駅があり、家の左隣は洋服屋、反対の隣の角はタバコ屋、小路があってその向こう側に住友職工学校があった。路地の角には泡盛屋があった。表通りの真ん中を市電が走り、馬車とタクシーが行き交った。当時は荷物を馬車で運んでいた。道の真ん中で馬がへたばって動かない。叩いて、叩いて動かそうとするのを茂治はかわいそうでならなかった。

当時の港区は、良くも悪しくもとにかくにぎやかだった。いろんな人が街に入っていた。酒に酔って喧嘩した誰かがレンガで殴られたといった話をよく聞いた。店に泥棒が入ったことがあった。二階に寝ていて泣きだそうとする茂治に、父親は「黙って静かにしていろ。」と制止した。そのあと父親は、すぐに警察に知らせたので、泥棒が質屋に売った品物はかなり返ってきたようだったという。

円山時計店は繁盛した。家にはよく大工が入った。大阪の大工は腕がよい。幼い茂治は鉋《かんな》をかける大工の姿をよく眺めていた。母親が「ここをやって。あそこもやって。」と言っていた。繁盛を妬んだ商売仲間に父親がマントを切り裂かれた事件があった。茂治は日頃から「いいおじさん」と思っていたので、子供心にびっくりした。

店では時計と指輪を売っていた。その頃の日本の時計は、五分ぐらいは進んだり遅れたりしてよくなかった。金に困った人がドイツ製やスイス製の高い時計を売りに来る。茂治の父は目利きをしてそれを買って儲けたという。父親は、自分では時計の修理も指輪の細工もしなかった。彼はもっぱら商売だけだった。古い時計を買うために飛騨高山の方へよく出かけた。店には時計の修理をする職人がいつも二人いた。そのうち一人は見習だった。女道楽で辞めた職人のことを茂治はよく覚えている。和歌山県や沖縄県から来ていた職人がいた。沖縄出身の職人は戦時中に樺太へ行った。福井県から来ていた職人は、母方の親戚にあたり戦後武生で店を出した。

旧制市岡中学校へ進学

茂治には姉が一人、弟三人と妹一人がいた。四つ上の姉は高等女学校に進み、茂治は終戦の前の年に府立市岡中学校（現・市岡高校）に入った。「私、記憶力がよくて、一度見ると、すぐに暗記できたんです。」と円山茂治は言う。

小学校の同級生の多くはみんな進学塾に通っていた。小学校の同学年二百人中よくできた二人は茂治の友達だった。三人とも市岡中学の入試成績は高順位だったが、進学塾に通わなかった茂治より他の二人は少し上だったという。受験を控えた茂治は、よく自転車で父親の使いをしていた。雇っている職人に頼まれる使いも多かった。学校から帰ると茂治は、いつも店にいて、ひとりで受験参考書を見ていた。自転車で走っている茂治を見た町内の材木屋の主人から、いつ受験勉強をしているのかと尋ねられたこともあった。

茂治は成績のよい友達の一人と、近くにあった柔道場に通っていた。受け身を徹底的に教え込まれた。「おかげで年を取って転んでも瞬間的に顎を引いて頭を打たない。」と、円山は笑いながら言う。仲の良い友達のひとりに巴《ともえ》投をかけたことがあった。もう少しで頭を打つところだった。市岡中学にいっしょに入ったその友達が頭を打たなくてよかったと、のちのちまでずっと思ったという。

その町道場には朝鮮人の子供も来ていた。大正末期から戦前昭和期に、大阪に働きに来る朝鮮人は急増した。そのような朝鮮人一家の子供の一人だった。彼は赤い帯をしていて背負投が得意だったという。

一九四四年（昭和一九）の大阪府内の中学入試は競争が激しかった。茂治が通った魁国民学校では成績がクラスの五番までの児童が受験した。茂治は同学年二百人中いつも高順位だった。「この年の市岡中学校全体の受験者数は千人を越えていたと思います。合格者は三六五人。私は一六番で入りました。」と円山は言う。

市岡中学に入った茂治は、課外活動に天文部を選んだ。中学生になった茂治は、まさか一年生を終える頃に大阪を去るとは夢にも思わなかった。この年秋には、彼の父は大阪の店をたたんで妻の郷里の福井県鯖江に疎開することを決めていた。

父の店では金属回収で指輪の金は政府に供出し、宝石だけを金魚鉢に入れる状況だった。それよりも何より、大阪市への空襲の危機が迫っていた。四四年八月下旬には、大阪市の学童集団疎開が始まった。国民学校初等科三年以上六年までの縁故疎開のできない児童を対象に集団疎開が実施された。茂治は中学生になっていたが、二歳年下の弟もその下も学童疎開の対象だった。茂治の父は子供だけを縁故疎開や集団疎開させるのではなく、家族ぐるみで疎開することにした。ただ父の気がかりは茂治の中学校のことだった。彼の父は、茂治を市岡中学校から武生中学校へ転校させようとした。この転校手続きに「ちょっと時間がかかりました。」と円山は言う（二〇一七年八月二四日、北広島）。

福井県への疎開

茂治の一家が疎開したのは、母の実家があった現在の鯖江市曲木《まがりき》に近い長泉寺《ちょうせんじ》だった。ここに一軒家を借りて家族で住んだ。当時長泉寺は鯖江町の隣村船津村に属していたが、終戦後四八年一一月の合併で鯖江町となった。なお、今立郡鯖江町・神明町・片上村・中河村、丹生郡立待村・吉川村・豊村の二町五村が合併し鯖江市となったのは五五年一月だった。

曲木の母の実家はずいぶん年の離れた長兄が跡をとっていた。末の娘だった茂治の母は、長兄の嫁に育てられた。長兄は米を買い付けて列車で売りさばく商売で失敗して破産状態になったが、茂治が知る頃にもまだ田地はかなり残っていた。長泉寺で家を借りるのにも、茂治の父は妻の実家を頼った。

母の実家の近くに祖父の時代からの分家があった。商売を営む分家は景気がよかった。この分家に茂治より一つ下の息子がいた。二年生の四月から武生中学校に通った茂治の一年下にいたのである。分家の息子は戦後かなり経ってから鯖江市長になった。

茂治には疎開先での生活に、よい思い出は何ひとつない。苦しいことばかりだったという。

武生中学校へ転校した茂治は、ジャガイモを入れるような生地で作ったズボンを履いて学校に通った。「長靴は配給で当たったのか、薄っぺらい穴の開いたのを履いていた。」と言う。だがそれも使えなくなって、雪の道を藁の長靴で学校に通った。

船津村長泉寺の最寄り駅は、福武電気鉄道下鯖江駅（現・福井鉄道福武線西山公園駅）である。

茂治はここで乗車し、西武生駅（現・北府駅《きたご》）で下車して通学した。福武電気鉄道は、今立郡神明村におかれた金沢第九師団の歩兵第三六聯隊の兵員輸送を主たる目的に掲げて一九二五年（大正一四）に開業し、終戦前の四五年八月一日に鯖浦電気鉄道などと合併して福井鉄道となった。

円山茂治は、転校した武生中学二年生の頃を思い出しながら、「配属将校が二人いて教練を受けた。」と言う。三年生以上の生徒は、四四年七月から軍需工場へ動員された。動員先は、県外では愛知県の愛知航空、県内では西鯖江の南越航空補機、神明の山本精機、西田中の東洋電機、武生の大同肥料や日本精工などの各軍需工場だった。動員された生徒は、飛行機部品の製作、潜水艦用コックの製作、通信機用小型発電機の製作、鉱石の運搬などの作業に従事した。一、二年生は食糧増産や道路改修、鉄道機関庫の石炭揚げなどの作業を行った。空襲の時に天井裏に焼夷弾が落ちて消火不能となるのを防ぐため、校舎の天井板を抜く作業も実施された。中庭や運動場は一面のイモ畑となった（『武生高等学校百年史』一九九九年刊）。

戦時中の郊外での作業は茂治の記憶にないが、校庭やグラウンドのイモ畑は今でもよく覚えている。終戦の翌年四月に武生中学校に入った弟も鮮明に覚えているという。食糧難は戦中よりも終戦後に深刻となったので学校でのイモ作りは続いていた。

疎開で東京から転校して来た同級生は、かなりいじめられたという。茂治は成績がよかったし、柔道部に入って跳腰《はねごし》が得意だったからいじめを受けるようなことはなかった。ただ、いつも腹が減ってどうしようもなかった。最寄りの下鯖江駅と長泉寺の自宅の間の坂道を上るのに、目眩《めまい》がして困った。「あのとき栄養失調になっていたんだと、ずっと後になってから思いました。」と円山は言う（二〇一七年八月二四日、北広島）。

戦後、進駐軍の兵隊が武生中学校にやってきた。茂治たちが習っていた英語の先生は米兵とまったく話ができなかった。別のクラスで英語を教えていたいかつい顔の教諭は、米兵と話し通訳に当たっていた。その先生の顔を見て米兵は、「あなたはスペイン人か。」と言ったとのことである。通訳をした威厳のある英語の先生を茂治は尊敬した。

父の死、弟のこと

港区の茂治の自宅は大阪大空襲で焼かれた。持ち家だったが借地だったので、建物がなくなると再び帰ることはなかった。茂治の父は戦後大阪へよく出かけ、戦前から取引があった飛騨高山を中心に時計の商いをしていた。だから長泉寺の自宅にはほとんどいなかったが、帰ってくるときには必ず子供たちに、高山や下呂温泉などの土産を買ってきた。

子煩悩だった父が癌で倒れたのは、終戦の翌々年のことだった。金沢大学病院に入院して、顔面の手術を一一回した。男前だった父の顔は見る影もなくなった。亡くなる前、病床で「しげえー、しげえー、しげえー、」と、長男茂治の名を呼び続けた。地の底から絞り出すような声だった。「六人の子供がいましたからね、責任が重かったと思いますね。」と円山茂治は言う。

高等女学校を出た姉は戦時中に一時船津村役場に勤め、戦後はナンエツ会社の事務員になった。

弟妹達の面倒は茂治と母のふたりでみることになった。母は鯖江の食器屋で働いた。茂治は学校を続けるどころではなくなり、新制高校へ移行する前の一九四七年（昭和二二）三月、三年生を終えて中退した。

二歳下の弟は一年生を終えて中退し、竹の皮を製造販売しているところへ丁稚に行った。武生中学校の担任の家か、親戚だったという。「うちへ来れば、大学まで入れてやるから。」ということで、茂治の弟は丁稚に入った。だけど、いつまでたっても勉強させてもらえることはなかった。そこを辞め、弟は鯖江の紳士服を仕立てる洋服屋で働いた。手に職を付けた彼は、岩見沢にいた母方の伯母を頼って北海道に渡り自分の店を持った。

「計算尺とあだ名された弟は頭がよかった。」と言い、二歳下の弟のことを、円山茂治は次のように話す（二〇一七年八月二四日、北広島）。

そろばん塾へ行ったわけでもないのに、弟は掛け算でも割り算でも瞬時に計算しました。絵も上手でした。我々が書くような絵ではなくて、不思議な描き方ですね。驚きました。才能があったと、今でも私は思っています。計算のことではちょっと妬ましく思いました。弟は父が育った新潟の高田の実家の宗派、日蓮宗の熱心な信徒です。お経はすっかり覚えています。お経ができることが、彼はちょっと得意みたいです。

宣教師、牧師の道を歩んだ兄を、弟は自分たち家族と関係のない人間になってしまったと言います。弟は昔のことも鮮明に覚えています。関係のない人間になったから、兄貴はみんな忘れてしまったのだと言うのです。

弟は、いちばん下の娘が教育大学を出て学校の先生になったあと、高校の通信教育を受けて卒業し、さらに法政大学の通信教育で五年間勉強しました。勉強好きだった弟が中学校一年で中退し、丁稚に行かなければならなかった。そのことが弟の心にずっと残っていて、「残念、残念、残念」と思ってきたわけですね。

こう話したあと円山は、「私には子供はありませんが、弟の末娘が結婚して赤ちゃんを授かった時、ああこれは、小さかったあの子の赤ちゃんかと思いました。」と言い、温かい笑みを浮かべた。

福井精練加工染織工

旧制中学を四七年三月に中退した茂治は、初めは武生の時計屋に弟子入りした。かつて大阪の父の店（港区の円山時計店）で働いていた職人が武生で店を出していたので、見習職人として働かせてもらった。だが、時計職人の仕事は茂治には向かなかった。間もなく茂治は、鯖江の福井精練加工（現・セーレン株式会社）の工員となった。

「精練」は、繊維中の雑物を除いて漂白や染織をなす準備工程である。福井精練加工は明治二〇年代の創業当時から、精練および染織などの生地加工事業を行ってきた。同社が株式会社となったのは、一九二三年（大正一二）だった。円山茂治は、「二歳下の弟は丁稚に行ったが、そ言う。

の下の弟二人と妹が自立するまで、福井精練加工の鯖江工場で染織工として九年間働いた。」と

福井平野の最南端に位置する鯖江は、江戸時代後期に間部《まなべ》氏五万石の陣屋が置かれ、北陸街道に面する町場として発展した。維新後の近代化による輸出羽二重織物の生産は明治二十年代に始まり、メガネ生産は明治三十年代末が出発点となったが、いずれも大正期から盛んになった。羽二重織物は昭和初期に衰退し人絹織物へ移行したが、繊維産業もメガネ産業も戦後復興期から高度成長期にかけて大いに発展した。メガネの街として知られる現在の鯖江市は、戦後の経済発展の中で都市化が進み、家内工業と住宅が密集する新市街を形成した。

福井精練加工の鯖江工場は、当時は福井鉄道鯖浦線の終点鯖江駅の近くにあった。北陸本線鯖江駅とも近距離だった。鯖浦線は五九年に鯖江と水落信号所間が廃止され、七三年には全線が廃止された。現在のセーレン鯖江工場が日野川の西、鳥井町の現在地にできたのは、鳥井集落のすぐ南に国道八号が開通した五八年だった。同社の鯖江工場は昭和三十年代に入ってから、鯖江市の東から西に移転したのである。

茂治は長泉寺の自宅から東へ、徒歩で福井精練加工鯖江工場に通勤した。初めは絹織物を白くする精練の前の作業をやり、車に乗せてもらって県内のあちこちから絹織物を集める仕事についた。しばらくすると、染織の持ち場が与えられた。精練は絹織物、染織は人絹を扱った。また、ナイロンもポリエステルもなかった。

人絹をいろんな色に染めていく。下に大きな湯船があり、熱湯が入っている。ここに染粉を入れていく。一メートル幅ほどの布が帯になって上部から回転してくる。湯船の手前に染粉が入った袋がある。アメリカからの注文に応じて染粉の色と分量を調節したが、慣れてくると自分でできるようになった。適度に染まるのを見て水を流し込み、染め上がった布を水の中から手繰りだす。「作業中に何度もやけどをしました。」と円山は言う。

もうひとつの染色機は、大きな円筒状のものに布を巻き、下の方の染汁に漬けて染めて行く。この機械は冬場の扱いが難しい。下に水が溜まってガタンとなるのを止めながら染めないといけないので困りました。

染粉は化学染料です。一番いいのはドイツ製の化学染料ですね。いまの日本ではいいのができましたが、当時の日本製は太陽に当たるとすぐに剥《は》げて色が変わりました。

精練した絹もアメリカへ輸出していました。よく乾いていると目方が軽くなる。中に石を入れて重くするとか聞きました。本当かどうか知りませんが、いずれにしても日本製は安かったから、向こうではぼろ儲けだったのでしょう。

「染織の仕事は工業専門学校を出た人がよくできた。」という。旧制中学を中退した茂治であったが、通訳の仕事をしたかった彼は独学で英語をマスターしようとした。財団法人日本英語教育協会の文部省認定通信教育英語カレッジのシニア科を修了したのが五二年の四月、翌年二月には同カレッジ科を修了した。「送られてきたシニア科の修了証書を職場に持って行くと、給料がパッと上がりました。翌年、カレッジ科の修了証書を持って行くとまた給料が上がりました。学歴換算してくれたんです。戦争末期の私たちは中学校の修業年限が一年短縮になっていましたが、旧制中学校は五年です。旧制中学卒業の者は給料が高かったんです。」と円山は言う。

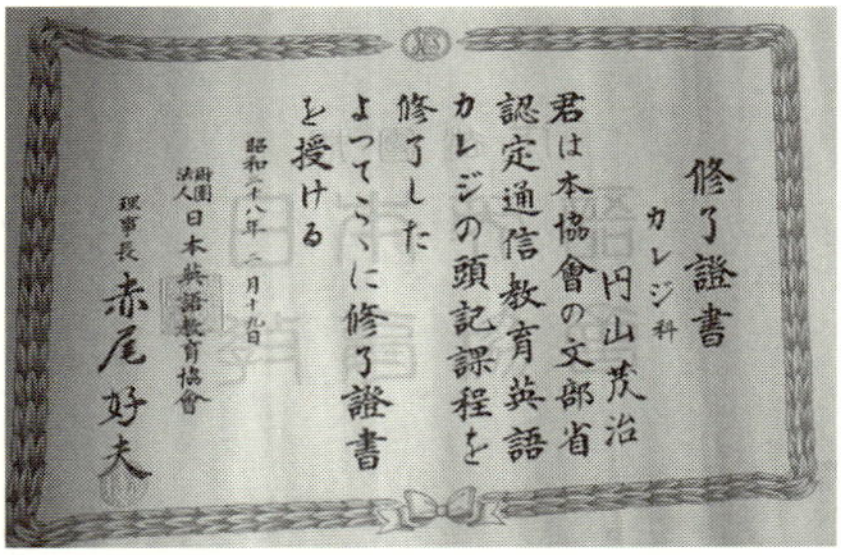

日本英語教育協会カレッジ科修了証書、1953年（円山茂治さん提供）

武生「教会」を訪ねる

通訳になるには、英語力を相当磨かないといけない。茂治は働きながらそれをやり遂げようとしていた。「文部省認定通信教育英語カレッジ」のカレッジ科を修了したあと、「さあ、これからどうしようか。」と彼は考えた。ちょうどそんなとき、武生の浪花町にアメリカ人が住んでいるとの噂を耳にした。

浪花町に住んでいたのはノルウェー人の宣教師一家だったが、茂治はアメリカ人と勘違いし、英語を教えてもらえるのではないかと期待して、二二歳のときに「教会」を訪ねた。茂治が訪ねた一九五三年（昭和二八）当時の「教会」は、武生の素封家だった斎藤家邸内の離れを伝道所としたものであった。斎藤家の長男は医師であったが戦死し、広壮な邸宅には母と娘のふたりが住んでいた。離れには前庭があり、広い玄関に入ると式台が置かれ、廊下の向こうに二部屋続きの

武生「教会」クリスマス会、中央ウイリー・ルドルフ、右へエリン・ルドルフ、ダニー・グルブランスン、オーゴット・ベルゲ、1951年（『主のみわざ　武生自由キリスト教会宣教30周年記念』より）

座敷があった。この二部屋が集会場として使われていた。欄間には「神は愛なり」と大きく墨書した横長の紙が掲げられていた（川上昭子「武生教会の思い出」、前掲『主のみわざ　武生自由キリスト教会宣教三〇周年記念』）。

茂治が訪ねると、年配の外国人男性が現れた。ウイリー・ルドルフ宣教師だった。ルドルフは訪ねて来た茂治の依頼に対して、「私は日本に英語を教えに来ていません。」と言った。茂治はがっかりして家に帰ったが、この時をきっかけに聖書を読むようになった。

当時茂治は、どうしても自慰行為をやめられないことに悩んでいた。「外側にいるときには、私は評判のまじめな青年でした。」と円山茂治は語る。そんな自分がひとりになれば密かに自慰にふけることに彼は罪悪感を抱いていた。父の実家日蓮宗寺院の法華経を唱えれば、欲望を抑えられるのではないかと思ったが、読経に効果はなかった。それが不思議なことに、ルドルフ宣教師に会い、聖書を読むようになってから「ぱっと自慰がなくなった。」と言い、入信の頃を円山は次のように回想する(二〇一六年八月五日、二〇一七年八月二四日、北広島)。本当の神様なんだなあと思い、それから教会に通うようになった。教会といっても、お医者さんの住まいだった民家の座敷を集会所にしたものでした。

自慰はなくなったけれど、聖書を読んでとても苦しみました。

聖書には人に仕えなさいと書いてある。その教えを職場で実践しました。当時の精練染織工場では、一年でも早く入った先輩工員が下の者に対しとても威張っていました。食事のときのお茶汲みや掃除、使い走りなど、仕事以外のことを後から入った工員にさせた。先輩工員は腕組みをして座っているだけでした。

私は工員になって七年目を迎えていましたが、後輩たちにも、それらの雑用を「仕える」という心で実践することにしました。すると後輩たちはそのうち、「あいつは何をさせても大丈夫だ。」という態度になって顎《あご》で私を使うようなった。

そうなってみると、どうしても「くそっ」と思うんですね。表面ではそうしても内心は腹立ってしょうがない。そのとき私は、竹の棒で自分の身体を叩きました。自分の心を叩きましたがどうにもならない。苦しみました。よく泣きました。

教会へ行くと、自分は何という汚い心を持っているんだろう。清められたいと思った。ひとを憎いと思えばすでに人殺しをしたのと同じだなんていう。これはとても自分にはだめだと思いました。地獄へ行くよりほかないと、教会で泣いていました。

すると、ビヨルグさん（ルドルフの娘）が「どうして泣くんですか。」と声をかけた。私は返事をすることができませんでした。すると彼女は、「主を喜ぶことは汝の力なるべしと書いてあるじゃないですか。だから喜びなさい。」って、静かに話を聞かせてくれました。

自分の心の汚さに苦しんだ私は、それまでぜんぜん知らなかった神の子が十字架に代わったことの意味にその時初めて気づきました。私のために十字架に代わってくださったのだと。だから信じればよいのだと思いました。

受洗、路傍伝道

茂治は武生の「教会」を訪ねてルドルフに会って三か月後、五三年九月一四日に斎藤家の離れの庭にしつらえた洗礼槽で受洗した。受洗後茂治は、仕事が引けてから、あるいは休みの日に、路傍伝道に出るようになった。グルブランスン宣教師を案内して、鯖江で路傍伝道を行った。

聖書を読んで自らの罪に気づかされ深い罪の意識に包まれた彼は、一方においてかつてない穏やかな気持ちを得た。それまで彼を抑圧していたさまざまな桎梏《しっこく》が解かれ、初めて自由を手にしたのだった。その自由が、すなわち抑圧から解き放たれた心が、彼を路傍伝道へと向かわせた。

鯖江での路傍伝道中に、彼は不思議な体験をした。「私が説教をしている時に、私の力が、私の声が飛んで行った。」と円山は言う。

甍の屋根がくぎる茜色の空へ、屋根を越えてものすごい力で茂治の「声」が飛んで行ったというのである。その瞬間に、木造の民家から幾人かの老婦人が飛び出して来た。「びっくりしました。」と、真顔で円山は自らの神秘体験を語る。

茂治がはじめてルドルフ宣教師に会ったとき、オーゴット・ベルゲ宣教師は休暇をとってノルウェーに帰国していた。ベルゲが日本にもどってきたのは、茂治が受洗して半年後のことだった。ベルゲの留守中に来日し、一か月ほど武生に住んだオーセ・ハウゲンは、ノルウェーからもどるベルゲを迎える集会の準備に参加していた。円山茂治の記憶では、その集会の案内をハウゲン宣教師からもらって出席したという。

「若い先生が来られたなと思いました。」と円山は言う。ベルゲは茂治より一五歳上、当時三八歳だった。

オーゴットが日本に帰って来るというその時に、私、十字架の幻を見たんですね。いま思いますに不思議なことでした。

そのときの教会はお医者さんだった斎藤さん宅の離れの座敷でしたから、室内のどこにも十字架なんかなかった。でも、私はそのときたしかに十字架を見たんです。だからそれは幻だったわけです。

自分の汚い心に悩んでいた私は、オーゴットが日本に帰って来た時に、十字架の幻をみたんだなあと、いまは鮮明にそう思っています。

オーゴット・ベルゲと初めて会ってから、四十数年後に円山茂治は彼女との永遠の別れの時を迎えた。そのあと彼は、深い靄《もや》のようなものにしばしば包まれるようになった。週二回、どこからともなく靄とも霧とも判別しがたいものが降りて来て彼を包み込む。その中で、とめどなく涙が流れるのだと彼は言う。「四年間続きました。」「靄のような神の愛がやってきて、私を包んでくれました。」と円山茂治は語る。今も、突然に涙が出てくることがある。すると、聖書の言葉が自然に出て来るという。

聖霊のバプテスマ

ペンテコステの洗礼を受けて半年後、二三歳の春に茂治は聖霊のバプテスマを受けたという。それはちょうど、ノルウェーからベルゲが武生にもどって来た時期だった。

聖霊はキリスト教における三位一体の第三位を占める位格である。人に宿り、神意の啓示を感じ、精神的活動の鼓吹力となるものであり、助け主とも慰め主とも呼ばれる。イエス＝キリストの復活後五〇日、すなわち第七日曜日に聖霊が降臨したことを記念する祝節が聖霊降臨節、ペンテコステである。だからペンテコステ運動は、聖霊の降臨とその働きを強調する信仰運動と言ってよい。バプテスマは洗礼あるいは浸礼のことであるから、茂治が「聖霊のバプテスマ」を受けたというのは、彼に聖霊が降りその浸礼を受けたというのである。

「聖霊のバプテスマ」を受けたのは、路傍伝道中の不思議な体験のあと間もなくのことだった。神戸の須磨から出張してきたソルボール宣教師の集会が、鯖江で二日間開かれた。その集会中に、茂治に「しびれ」がやってきた。頭からズウーと下の方へ移っていき、腰まで「しびれ」がきたという。グルブランスン宣教師にそのことを話すと、「聖霊のバプテスマはまだ受けていない。」とのことだった。集会の二日目に、茂治は一生懸命に「聖霊のバプテスマ」を求め続けた。すると再び「しびれ」がやってきた。頭から腰へ、そしてつま先まで「しびれ」が移り、「バラ、バラ、バラ」と、異言が口を突いて出た。自らの神秘体験を回想したあと、円山茂治は語る（二〇一六年八月五日、二〇一七年八月二四日、北広島）。

『旧約聖書』に「天の使いの言葉」と書いてあります。そういう時代が来ますよと、二か所に書いてある。

『新約聖書』の「使徒行伝」には、「舌のようなものが炎のように分かれて現れ、一人ひとりの上にとどまった。」とある。イエスが主のもとに帰られて主から聖霊を受けられて教会に注がれた。その時、教会が始まった。一人ひとりの上に、火の玉が舌に載り、異言を語り始めた。

続いて円山は、「教会が始まったのは、神学的にはイエスが弟子を自分のもとに集められたときからとするのがふつうです。」と言い、「異言の賜物」「それを語りはじめると聖霊のバプテスマのひとつの印です」と語る。

「みんな異言を語っていた。その時まで私だけが語ることができなかった。」との彼の回想から、聖霊の働きを前面に出した武生における開拓伝道初期における神秘的雰囲気がうかがえる。もちろんベルゲも異言をよく語ったが、彼女は大きな異言は語らなかったという。

福井でのテント集会に飛び込んだ竹内清子の回想には、聖歌が聞こえ、「ただ信ぜよ。ただ信ぜよ。」という大きい声が繰り返されたとある。楽器を奏で、歌い、聖霊の働きによる奇跡譚の強調はペンテコステ宣教の特色であるが、「神秘性」や「奇跡」の強調はすべての新宗教運動の一般的特徴でもある。

聖書学校へ

オーゴット・ベルゲと初めて会って三年後、円山茂治は福井精練加工を辞めて聖書学校へ行くことになった。西宮の聖書学校で寮生活をしながら一年間学んだ。聖書学校への入学は、ベルゲとグルブランスンの勧めによるものだったが、信仰に打ち込む茂治自身の意志でもあった。いちばん下の妹が自立したので、彼は弟妹の面倒をみなくてもよくなっていた。

聖書学校へ行くことを母親に話すと大反対された。茂治の決意が変らないことがわかると、「息子を盗られた。」と母は言った。「ある意味、家族は恨んだと思いますね。」と円山は言う。母の実家の伯母（母の長兄の妻）は、熱心な浄土真宗の門徒だった。鯖江の曲木では、母を育てた伯母は本願すなわち阿弥陀仏に救われて浄土に往生することを確信し体験した三人のうちの一人だった。「たくさんの偉いお坊さんが曲木の寺に外から来るけれど、本願を信じて救われた経験のある人はいない。経験がないことはすぐわかる。」と伯母は言った。「どうしようもない人間を阿弥陀様は救ってくださるのだ。」とも彼女は語った。

曲木の寺は西本願寺に属していた。母を育てたこの伯母にも、茂治は仕事を辞めて聖書学校へ行くことを話した。聖霊が降ったと語る茂治の体験談に、伯母はじっと耳を傾けていた。そして、「あなたは本当の僧になるでしょう。お坊さんになりなさい。」と言った。「伯母さん、復活はありますか。」と茂治は尋ねた。「復活はありません。」という伯母の返事を聞いて、聖書学校に入るというゆるぎない決意を再確認した。

聖書学校の費用も生活費も、ノルウェーミッションから出ていることになっていた。だが実際には、オーゴット・ベルゲ宣教師へのノルウェーからの送金、すなわち彼女を派遣したサンネスのクリッペン教会とベルゲ個人の信徒からの伝道支援金によって賄われた。西宮の聖書学校を終えたあと、円山は武生自由キリスト教会の伝道者として働くことになった。これもベルゲとグルブランスンのふたりの導きによるものだった。ベルゲとグルブランスンは、武生市清川町の宣教師館でいっしょに暮らし、ふたり一組のかたちで伝道に従事していた。円山の伝道者としての給料五〇〇〇円はノルウェーのミッションから支給された。教会における聖会の時には、ベルゲとグルブランスンから手当てがあった。

伝道者として一年間働いたあと二九歳のときに、円山は東京都豊島区駒込の「日本アッセンブ

中央聖書神学校卒業記念、後列右から２人目が円山茂治、1962年
（円山茂治さん提供）

リーズ・オブ・ゴッド教団」の「中央聖書神学校」に入ることになった。「アッセンブリーの弓山喜代馬プレジデントは人格者でしたね。アッセンブリーは、日本全国のペンテコステ教会でいちばん大きい教会です。」と円山は言う。ある日、弓山に従って階段を上っていた彼は、振り返った弓山の顔が「父なる神の顔に見えたことがあった。」とも語る。それほど聖書に没頭した日々を送ったということであろう。この「中央聖書神学校」における三年間の学費と生活費は、すべてベルゲが負担した。

反対を乗り越えて

西宮の聖書学校を出て伝道者になった時、円山茂治は生涯を独身で通そうと思っていた。だが武生での伝道者としての生活をとおして、ベルゲへの愛がはぐくまれた。

「経験がなかったものですから、それがポーっときたもんですからびっくりしてね。私、そんなことがあるんだと。やっぱり、それでなっちゃったんですね。」と円山は言う。東京の「日本アッセンブリーズ・オブ・ゴッド教団」の「中央聖書神学校」に入る時、円山茂治はオーゴット・ベルゲに求婚した。円山二九歳、ベルゲ四四歳であった。

プロポーズをした時、ベルゲが何と言ったのか、円山ははっきりとは覚えていない。

「そのあと、彼女はノルウェーに帰りましてね。ノルウェーでミッションの集会があったので帰ったんです。その集会の席上で私との結婚について話したのですが、反対されて彼女はその場で倒れたそうです。」と言う。

日本人と結婚するのなら、日本での伝道はだめだと言われた。その時彼女がノルウェーから電話してきたと思います。私のことはあきらめてくださいといった意味の手紙を受け取ったこともありました。けれども、それであっても、まあどうですかね。神様の御心だったんでしょう。オーゴットと私が結婚することは。

オーゴット・ベルゲと円山茂治は、一九六二年四月にサンネスのペンテコステ派クリッペン教会で結婚式を挙げた。「五四年前です。三一歳のときです。東京のアッセンブリーの聖書学校を卒業した翌月でした。」と円山は言い、次のように語る（二〇一六年八月五日、北広島）。

オーゴットは日本伝道を進めていたミッションから外されましたが、サンネスの教会では私たちの結婚を祝福してくれました。結婚式の前だったと思いますが、サンネスの教会からブラジルに派遣されていたレイフ・アンダースンという宣教師がノルウェーに帰っていて、結婚後私たち二人にブラジルへ来てほしいと言うのです。ブラジルには日本人がたくさん住んでいるので、あなたたちに来てもらいたいということでした。私たちに対するサポート（経済的支援）はサンネスの教会が引き受け、家内と私は結婚式後すぐにブラジルへ向かいました。

オーゴット・ベルゲは、日本伝道に携わった「自由キリスト教宣教団」のノルウェー人宣教師のなかで最も日本語が上手だった。「日本語があまり上手だと、顔つきまでも日本的になってくる。」「下手な西洋人の方へ日本人は集まる。」と円山は言う。「オーゴットには人の心を捕える才能がありました。イエスのもとに人の心を引きつける力がありました。私にはオーゴットのような才能はありません。」とも話す。

オーゴット・ベルゲがサンネスのクリッペン教会で結婚式を挙げたとき、ふたりを祝福する人たちの中に、当時二二歳のランヒル・ラヴォスがいた。彼女は五年後の一九六七年（昭和四二）五月に、同じ教会から宣教師として日本に派遣され、福井県の勝山と大野を中心に二十数年間日本伝道に携わった。

結婚式後ベルゲの親族と共に、フォッサン、1962年
（円山茂治さん提供）

ベルゲの故郷

オーゴット・ベルゲは、一九一五年一一月四日に、ノルウェーのローガラン県フォッサンに生まれた。ノルウェー南西部に位置するローガラン県は、島と浜辺とフィヨルドによって織りなされ、岩肌を包むように起伏ある緑の丘陵地が続く。空の彼方へと広がる丘陵地は、切り立った岩と雪の山地へとつながる。

県都スタヴァンゲルは、北海油田の基地である。オスロ空港から西南西に向かって五五分でスタヴァンゲル空港に着く。油田開発が進んだのは一九六〇年代からだった。かつてノルウェーからアメリカへ移住する人びとがこの街の港から出発した。港を見下ろす丘には、一二世紀建立のスタヴァンゲル大聖堂が建っている。スタヴァンゲルの北に位置するホルダラン県のベルゲンは、ヨーロッパの中世後期に北海・バルト海沿岸の商業都市が結成したハンザ同盟の加盟都市として知られる。スタヴァンゲルが都市的特権を得たのは一五世紀だったという。

スタヴァンゲルから南へ一〇キロ余り、ガンスフィヨルド沿いに車で一五分ほど走るとサンネスの中心街に入る。サンネスは市街地と農村部で構成された基礎自治体である。市街の一角にベルゲやラヴォスを宣教師として派遣したクリッペン教会がある。かつて彼女たちを派遣した教会の建物は、今はさまざまな集会や癒《いや》しのカフェ空間として使われている。新しい教会は坂道を上って左に折れ、幾筋かを越えた太い通り沿いに建てられていて、レンガ色の壁に大きな十字架が彫られその横にクリッペン教会と記されている。

現在はスタヴァンゲルとサンネスの境に工業団地が作られ、ＩＴや北海油田の関連産業が活況を呈しデパートやショッピングモールなど商業施設が展開する。だが、なんといってもローガラン県の重要な産業は農業である。地域のあちこちに、やわらかい牧草地が広がり、酪農が盛んである。

ローガラン県の面積は九三七八平方キロ、ほぼ山形県と同じ広さである。ローガランには二六の下位行政区があって、その中にフォッサンもサンネスもスタヴァンゲルもある。ランヒル・ラヴォスの出身地ラヴォス村は基礎自治体サンネスの北部、ガンスフィヨルドの東に位置する。オーゴット・ベルゲが生まれたフォッサンは、ラヴォス村の南東一三キロ、ホスフィヨルドの対岸、リーセフィヨルドの入り口近くに位置する。

リーセフィヨルドの観光船はスタヴァンゲルの港から出る。ランヒル・ラヴォスとカール・ラヴォス姉弟の案内で二〇一七年六月二〇日に船に乗った。船の進行方向から、漆黒の海が盛り上

空から見たリーセフィヨルド、1951年
（ノルウェー国立図書館デジタル資料）

がって来る。小雨が降り冬のように寒い。リーセフィヨルドは全長四二キロだが、クルーズは三分の一の一四キロ地点から引き返す。リーセフィヨルド橋の下を通過したとき、「帰りに橋を過ぎた時に、フォッサンが見えますから教えます。」とランヒル・ラヴォスが言う。

リーセフィヨルドとは「光のフィヨルド」を意味する。切り立った周囲の花崗岩が光るのでこの名がつけられた。船が引き返すころ雨がはげしくなった。フィヨルドの彼方から厚い雲が向かって来る。岩山の間の黒い海を進む船は灰色の靄に包まれた。だが橋の下を通過したころ、にわかに空が明るくなった。木々の緑と牧草地に囲まれた美しいフォッサンの家々がリーセフィヨルドに沿うように並んでいる。

「オーゴットの実家は、農業と漁業をしていたと思います。」と円山は言う。オーゴット・ベル

空から見たフォッサンの町、1951年
（ノルウェー国立図書館デジタル資料）

ゲの家は農業とともに、フィヨルド漁業も営んでいたのである。

クリッペン教会とベルゲ

フォッサン村には、ルーテル派のフォッサン教会がある。白い塔をもつ古い教会は村人たちの信仰を集めて来た。「国教会」とか「政府教会」とも呼ばれる既存の教会である。もちろんベルゲもフォッサン教会の信徒であったし、今も親族はこの教会に属している。だがベルゲは、ホスフィヨルドを越えたサンネスのクリッペン教会の信徒となり、宣教師となった。

「フォッサン村は宣教師をたくさん出した村です。海外宣教に熱心な村でした。」と、円山茂治は語る（二〇一六年八月五日、北広島）。フォッサン村のルーテル教会の下に「ミッションサンバナ」という組織があり、村の教会とは別に「祈りの教会」が建てられている。ノルウェーの「国教会」の下に組織された「ミッションサンバナ」、すなわち外国伝道組織は中国などへどんどんと宣教師を送り出していた。ベルゲは「ミッションサンバナ」の「強い教会員」だったと円山は言う。

ある日ベルゲは、ペンテコステ派の強力な牧師の説教を聞いた。それがペンテコステの信徒となるきっかけとなった。はじめはスタヴァンゲルのペンテコステ教会に所属した。スタヴァンゲルは大きな都市であり、教会の建物も牧師も立派だったが、教会員の活動は低調だった。宣教師の海外派遣も行っていなかった。これとは対照的に、サンネスのクリッペン教会は建物こそスタヴァンゲルに及ばなかったが、教会員は活気にあふれ宣教師を次々と海外へ送り出していた。円山はクリッペン教会の当時の様子を次のように語る（二〇一七年八月二四日、北広島）。

スタヴァンゲルの教会とはちがって、サンネスのクリッペン教会はとても民主的なんです。スタヴァンゲルの教会には対外的にも権威ある指導者がいますが、サンネスの教会では、だれか特定の人をドンと上にあげるようなことはしない。いつもみんなが集まって、ワイワイガヤガヤやっているんです。そんな教会の方がメンバーも多いし、ものすごく力が発揮されるんです。不思議なものですね。サンネスのペンテコステ派クリッペン教会はたくさんの宣教師を派遣し、彼らをしっかりとサポートしました。

ペンテコステ派宣教師として海外伝道を決意したオーゴットは、スタヴァンゲルの教会からサンネスの教会に移り、クリッペン教会から海外宣教に出たのです。

ノルウェーからブラジルへ発つ円山夫妻、1962年（円山茂治さん提供）

一九六二年（昭和三七）三月、東京駒込の「中央聖書神学校」を卒業すると、円山はすぐにオーゴット・ベルゲが待つノルウェーに発った。初めてのフォッサン、初めてのサンネスだった。

オーゴットの家族も、クリッペン教会のメンバーたちも彼を温かく迎え入れた。

「私が初めて行ったとき、フォッサンの村は人口一五〇〇人と聞きました。いまは増えているかもしれませんが、静かな美しい村です。農業と漁業を営むオーゴットの父は、ヨーロッパの都市の道路に見られる敷石を切り出して輸出する事業もしていました。」と円山は語る。ふたりの結婚式に出席してくれたランヒル・ラヴォスとは、今も国際電話で話をするのが楽しみだという。

ブラジルでの伝道

茂治とオーゴットは、結婚式が済むとすぐにブラジルへ向かった。ふたりは初めパラナ州のロンドリーナ、次いでサンパウロに入り、一年間の休暇をはさみ、一九七四年まで通算十年の間ブラジル伝道に携わった。

ブラジル南部のパラナ州は一九世紀半ばにサンパウロ州から分割されてできた。一九世紀後半からヨーロッパからの移民が進み、二〇世紀に入ると、日本や中東からの移民がこれに加わった。パラナ州北部に位置するロンドリーナは、ドイツと日本からの移民によってつくられた都市といわれている。パラナ州の中でもロンドリーナは、州都クリチバに次いで日系移民が多く住んでいる。この日本人移民への伝道を目的として、円山夫妻はロンドリーナに入った。

ブラジルへ派遣された円山夫妻には、クリッペン教会から月四万円(一人二万円)の給料が送金された。ほかにも、オーゴット・ベルゲが海外に出る前に導いた信徒たちや、いろんな教会から支援金が送られてきた。それを資金に、円山に教会を建てるための土地をロンドリーナで買った。間口一一メートル、奥行き四七メートルの土地がじきに買えたという。

ところが、いよいよ教会を建てようというときに不思議なことが起こった。「私、祈っていると、どこかで大きなリバイバル(信仰復興)が起こっていると感じたんです。」と円山は言う。しばらくすると、サンパウロから日系移民が二人やってきた。自由メソジストの教会に所属しているという。ふたりは、ロンドリーナにペンテコステ派の日本人宣教師がいると聞いて訪ねて来たのだった。サンパウロの自分たちの教会へぜひとも来てほしいと、ふたりは円山に頼み込んだ。

もともと彼らが所属していたサンパウロの自由メソジスト教会には、日本人牧師がいた。その日本人牧師が「お金」のことを教会で話したことから、信徒の間に反発が広がった。金銭トラブルが生じたのである。

教会の長老は教会員を引き連れ、対立した牧師の教会を出てサンパウロ市内に自分たちの教会を設けた。もともとペンテコステ派の黒人牧師に導かれてクリスチャンになったその長老すなわちリーダーは、サンパウロにペンテコステ派の日本人教会がなかったので、やむなく自由メソジストの教会に属していた。リーダーは竹村といった。竹村と彼に率いられた日本人信徒たちは、ロンドリーナにいる円山をぜひ自分たちの教会に迎えようと話し合った。

大きなリバイバルが起こっていることを、祈りの中で感じていたという円山は、教会を建てるために購入した土地を売却しサンパウロへ行くことにした。土地の売主は、教会にするのでなければ売らなかったと、たいへんな見幕だった。円山は申し訳ない思いだったが、神の導きとの信念でロンドリーナをあとにした。

円山が招かれたサンパウロの教会には、八十人の信徒たちが礼拝に集まった。彼はすぐに牧会の仕事を始めなければならなかった。宣教師であるけれども牧会もする。牧師宣教師として円山が働きはじめたサンパウロのペンテコステ教会では、「どんどん人が救われた。」という。

円山が牧師宣教師を務めた教会は、七千人の信徒を擁するブラジルの「アッセンブリーズ・オブ・ゴッド」（中央教会）の下に入っていた。そのアッセンブリーが所属する組織には二万人の信徒がいた。円山茂治は七千人と二万人のどちらの組織からも牧師としての資格が認められた。

ブラジルにおける牧師資格証明書
（円山茂治さん提供）

すでに彼は、日本の聖書学校に四年間学び、宣教師、牧師の資格をもっていたが、ブラジル政府の方針に従いさらに聖書学校に入って学びなおし、ポルトガル語も勉強したという。

伝道中の奇跡譚《たん》

当時のブラジルでは、近代的な医療はまだまだ不十分な状態だった。「私、向こうの医者は信用していませんでした。」と円山は言う（二〇一六年八月五日、北広島）。日系移民の多くも質の良い医療を受けることはできなかった。そうした医療事情は、祈りによる「病気の癒し」の背景となった。

サンパウロの教会では、「病気の癒し」をたくさんやりました。六百キロも離れたところから来た古賀さん。奥さんの耳が聞こえない。祈ってくださいと言う。見ると耳が腫れている。これはたいへんだと思いました。躊躇《ちゅうちょ》しましたが祈るしかない。耳に手を置いて祈りました。ババーと異言が口をついて出た。自分では何を言ったのかわかりませんが、たしかに私の口から異言が出た。聖霊が降りその働きがあった。しばらく見ていると、女性の耳にかすかな振動があった。「どうですか。」と尋ねると、「聞こえます。」と言う。もう不思議としか言いようがありませんでした。耳の聞こえない人が聞こえるようになった体験は、三人の女性にありました。あるいはまた、産後の肥立ちが悪くて水汲みもできない若い女性がいました。当時の移民の暮らしでは、そんな状態ではとても困るんですね。「キリストイエスのみ名によってすべてのものを従わせる」と聖書に書いてある。「イエス＝キリストのみ名によって従え」と、聖霊の働きを祈りました。しばらくすると、「水を汲むことが出来るようになった。」と知らせてきました。

良い医療を受けられない暮らしの中では、「病気の癒し」の信仰がよく働くのだと思います。サンパウロの教会では、一年に少なくとも百人の日系移民の人たちが新たに入信しました。一日に五十人の日系人に洗礼槽で浸礼を授けたことがありました。ブラジル人にも浸礼を授けました。

ブラジル人は体格がよいでしょう。百人のブラジル人に浸礼を授けたときには、身体の細い私は洗礼槽の中でガタガタと震えていました。（二〇一六年八月五日、二〇一七年八月二四日、北広島）

円山が牧師を務めたサンパウロの教会はリベルダージにあった。リベルダージはロサンゼルスの日本人街リトル・トーキョーと並ぶ日本人街として知られた。当時リベルダージには、日本人だけでなく中国人や韓国人も住んでいた。中国人や韓国人の移民が増加し、混住が始まりだしていた。サンパウロ市の中心に隣接するリベルダージは、やがて日本人街から東洋人街へと変貌した。

サンパウロの教会での集会風景、1965年頃（円山茂治さん提供）

円山は毎日のように、サンパウロに住む日系移民の「家庭集会」に出かけた。ある日「家庭集会」へ行って、ふと顔を上げると「汝らのキリストであるは内住のキリスト」とある。「内住のキリスト」「心の内に住まうキリスト」というのは、メソジストの教理の中心だと円山は言う。東京の「日本アッセンブリーズ・オブ・ゴッド教団」の「中央聖書神学校」では、「内住のキリスト」について教えなかった。だが円山の心のどこかにずっと引っかかっていて、ブラジルへ行く途中にもそのことを考え続けていたという。それがサンパウロの「家庭集会」で、「汝らのキリストであるは内住のキリスト」という言葉が目に入った瞬間に、「福音の御名」「イエス様がパッと現れた。」と話す。「不思議なことの一言でした。」「その時私は、ホーリネス系の自由メソジストの教理を受けました。」と円山は言う（二〇一六年八月五日、北広島）。

再び日本、北海道へ

円山夫妻はブラシルでの五年間の伝道のあと、一年間ノルウェーで休暇を過ごし、さらに五年間サンパウロの教会で牧会と伝道に従事し、一九七四年春にノルウェーに帰った。この時円山は、妻のオーゴットをノルウェーに残して日本に帰国した。帰国中に北海道を訪ねた。江別には二歳下の弟がいた。茂治が入信し伝道者の道を歩んだとき、「兄貴は家族とは関係のない人間になった」と言った弟に、彼は会いたかった。

円山は江別でアパートを借り、ひとり街中に立って伝道のパンフレット（トラクト）を配った。一年間の休暇が過ぎようとしたころ、ブラジルへもどるべく大阪に向かった。大阪のブラジル領事館で手続きをするつもりだった。伊丹空港に向って飛行機が降下しはじめたとき、長年苦しんで来たお腹の痛みと背中の張りが嘘であったかのように消えていくのを感じた。彼は迷った。このまま日本にいようかと。結局彼は日本にとどまることにして、ノルウェーにいるオーゴットに事情を話した。

オーゴットはいったんブラジルへもどり、置いてあった荷物を片付けて夫がいる江別へ向かった。札幌の東方に位置する江別は、明治以来のレンガ製造の街として知られる。円山夫妻が伝道をはじめた頃には、札幌のベッドタウンとして人口増加が進んでいた。夫妻は江別だけではなく、あちこちでトラクトを配った。その日配布を予定している町までいっしょに行き、妻が東ならば夫は西へと分担した。ふと茂治が顔を上げると、オーゴットが近くまで来ていることに気づいた。

妻も気づいて夫の方に顔を向けた。「あれっ、オーゴットの顔ではない。」と茂治は思ったという。その時妻の顔がエンジェルに見えたのだったと、円山は四十年前を振り返る。

江別にいる時、円山は東京の「日本アッセンブリーズ・オブ・ゴッド教団」の「中央聖書神学校」を共に卒業した女性を訪ねた。彼女は牧師と結婚し、函館の教会で夫の牧会を助け宣教に従事していた。その時彼女の夫は、「いま札幌に近い広島町は急発展し、どんどん人が入っている。」「伝道地として良いのではないか。」と助言した。円山夫妻は、江別から広島町へ引っ越すことにした。

石狩平野南部の札幌郡広島村が広島町となったのは、一九六八年（昭和四三）だった。翌六九年から広島工業団地の造成がはじまった。七〇年には道道札幌夕張線が一般国道に昇格し、七一年には道央自動車道の千歳と北広島間が開通した。道央自動車道は七九年に北広島と札幌南間が開通して千歳と札幌間がつながり、北海道の空の玄関千歳空港と札幌の間に位置する広島町は企業進出の価値がますます高まった。七六年には広島第二工業団地の造成がはじまっている。

七十年代から八十年代にかけて広島町の発展は著しく、次々と団地が建設されニュータウンが出現した。学校・公民館・体育館等々、公共施設の建設整備が進み、各種商業施設が展開して都市化が進んだ。九十年代にはさらに充実した街づくりが進められ、九六年八月の広島町の市制施行告示をへて、九月に北広島市の開市式が挙行された（『北広島市史』下巻、二〇〇七年刊）。

円山夫妻が江別から札幌郡広島町に引っ越した七七年当時、同町は急激な変貌の真っただ中にあった。夫妻は現JR北広島駅に近い栄町《さかえちょう》に一戸建てを借りて開拓伝道を開始した。

教会建設、妻との別れ

栄町に住んでいた頃、近くに住む若い母親が子供を二人つれてやってきた。夫は勤め人だったが、子供が父親をまねてとても乱暴な言葉を使う。いくら言い聞かせても治らない。母親は疲れ切って救いを求めていた。円山は丁寧に話を聞き、若い母と息子のために祈った。

「その時から子供さんもお母さんも変わりました。救われたんですね。お母さんと息子さんたちは教会へ熱心に来るようになりました。長い年月がたって息子さんたちは成長し、ひとりは秋田県の医大へ進学しお医者さんになりましたよ。」と円山は言う（二〇一七年八月二四日、北広島）。

新札幌から通って来る若い信徒もいたが、どちらかというと高齢者が多かった。広島町に引っ越して二年後の七九年に、駅から南へ徒歩十分ほどの新富町の道道四六号東側に土地を求め教会堂を建設することにした。ちょうどその時、オーゴットに導かれたノルウェーの二家族からお金が送られてきた。「これは教会の敷地を買いなさいという神様の知らせだと思いました。」と円山は言う（二〇一六年八月五日、北広島）。送られてきたお金とブラジル宣教時代の預金で土地を買い、その土地を担保にして住宅金融公庫と住友銀行から建築費を借りた。妻のオーゴットは、ノルウェーに帰って会堂建築のための献金を募った。

一九七九年（昭和五四）に「北広島自由キリスト教会」の献堂式が行われた。献堂式後に円山は喘息と肺炎を併発し、苦しい日々が続いた。二度入院したが、喘息の発作はひどくなるばかりだった。「死の危険」さえ感じたという（『円山茂治記「北広島自由キリスト教会沿革」『ＦＣＭＦ五十周年記念誌』二〇〇一年刊）。

道道の斜め向かいには、断熱材を製造していた旭ダウの工場があった。工場から排出される煙と、道道を行きかうスパイクタイヤの自動車が巻き上げるアスファルトの粉塵が原因だったという。近辺には喘息患者が増加し、病院の外来はいつもいっぱいだったと円山は語る。北海道の秋は足早に冬に向かう。夜の冷え込みは特別にきびしい。夜が更けるにしたがい、毎晩のように喘息の発作が出た。「のちには公害対策も進み、スパイクタイヤも使われなくなったので美しい空気がもどった。」「喘息も出なくなった。」と円山は言いつつ、次のように語る。

不思議なことに、私が喘息で苦しんでいたその時期に、たくさんの信徒が教会に来ました。会堂は若い人たちでいっぱいになりました。千歳からも通って来る信者さんもいたのですよ。でも今は、その人たちのほとんどは本州へ転勤してしまい、寂しくなりました。

円山茂治が『ＦＣＭＦ五十周年記念誌』に、「宣教活動を熱心に励んだオーゴットは今はほんとうに老人になりました。」と書いたのは、二〇〇一年だった。この年六月に、オーゴットはノルウェーの故郷フォッサンに帰りスタヴァンゲルの病院で亡くなった。

「ノルウェーに帰りたい。」と言う妻に付き添い、アムステルダム経由で円山はスタヴァンゲルへ向かった。「飛行機の中で痛みがとれ、家内は穏やかになった。末期の胃がんでした。」「日本を発って一週間後の夜、私が病室で眠っている間に召天しました。最期を看取れなかった。」「ナースの話では、オーゴットは一瞬目を覚まし『ハレルヤ』と言ったとのことでした。私は夢うつつでその声を聞いたような気がします。幻を見たんだと思う。」と円山は語る。葬儀はミッションサンバナの「祈りの教会」で行われ、リーセフィヨルドに臨むフォッサン村の教会墓地にオーゴットは葬られた。

円山茂治は、「おそらくオーゴットは、結婚しなかった方がもっと幸いな生涯を送ることができたと思います。」「ノルウェーのミッションで私との結婚を反対されたとき、私はどうしてもあきらめたくなかった。」と言い、ブラジルでの伝道を思い出しながら次のように語る（二〇一六年八月五日、北広島）。

家内は非常に寂しく思ったらしいんです。あとで日本に帰ってよく話しました。ブラジルは男社会でしたからね。

毎日というくらい集会があるんですよ。私はあちこちの家庭集会に出歩きました。行かなければならなかったのです。男だけで何人か組んで、あちこち伝道して行くんです。家内はどうしても家でひとりぼっちでした。それで非常に寂しかったんです。日本に帰ってから、「寂しかった。寂しかった。」って言いました。女の人の出る幕がないんです。田舎の町へ行きましたら、女の人を見かけないんです。男の人ばかりです。寂しいなと思いました。

続けて円山は、「家内はよくできた人間でした。『旧約聖書』に登場するサラさんが夫アブラハムを主人と呼びましたように、私は年下ですけれど、主人としてよく立ててくれました。」と言い、次のように語る。

ノルウェーには、宣教師オーゴットの生涯を個人的に支援し続けた家がいくつもあります。家内が亡くなってからも、私はその方たちが残してくれた遺産を少しずつ受けています。そしてオーゴットと結婚しノルウェーの宣教師として働いたことによって、ノルウェーの年金をいただいて暮らしています。

今も、北広島自由キリスト教会の二階は、オーゴットが生きていた時のままである。ノルウェーの家庭の居間がそのまま移動してきたかのようにそこにあった。美しい飾り棚の前に置かれたソファーに腰かけたオーゴット・ベルゲが、いまにも声をかけてくるかのようだった。窓から外を眺めると、ノルウェーのそれに似た広々とした緑の原と森が広がっていた。

第六章　奥越前とランヒル・ラヴォス

ラヴォス姉弟を訪ねて

弟のカールは、二〇〇二年六月から五年間、妻のアンネとともに瀬戸サレム教会に住んで宣教に携わった。アメリカに留学したカールは、英語は堪能だけれど日本語は話せない。年のはなれた姉のランヒルは、一九六七年に宣教師として来日し二十数年間、奥越前の勝山と大野を拠点に伝道を行った。いまは引退してノルウェーのサンネスで暮らしている。彼女は日本語がとても上手だと、瀬戸サレム教会信徒の話であった。

カール・ラヴォスとEメールで連絡がとれた私は、二〇一六年六月に彼が住むノルウェーのノートオッデンを訪ねた。オスロから南西へ一〇〇キロ、谷の清流を見下ろす松と白樺の山道を二時間三〇分かけてバスが走る。やがて、しぶきを上げる川の合流点を過ぎたころ、にわかに視界が広がった。雲を映した湖を囲む緑の山麓には、白い外壁に赤や青の屋根をもつ北欧の住家が点在していた。

バスが停留所に着くと、年配の小柄な婦人と男性がバスを迎えるように立っていた。他に人はいなかった。ランヒルが住むサンネスはノートオッデンの南西二〇〇キロに位置するが、道路は大きく迂回しているので、バスでは三〇〇キロを超え、六時間かけて私に会いに来てくれたという。

初対面のふたりは、「近くにスターヴチャーチがあるから行きましょう。」と言って、ノートオッデン近郊のヘッダール・スターヴ教会に案内してくれた。中世に造られた木造建築のスターヴ教会は、ノルウェーの貴重な文化遺産である。一三世紀建立のヘッダール・スターヴ教会は、ノルウェー国内に残るスターヴ教会の中でも最大級である。三つの尖塔と複雑な屋根をもち、広々とした緑の原に建つ。年月と伝統を感じさせて壮観の一語に尽きる。

近くには、一七世紀から一八世紀の民家を保存した野外博物館がある。内部には当時のノルウェー各地における人々の生活を偲ばせる衣服や調度品が展示されている。女性が一五歳の祝いに着る衣服なども展示されていて、ノルウェーの伝統的共同体の様子がうかがえる。

スターヴ教会が建てられたのはローマカトリックの時代であり、やがて宗教改革期を経てルーテル派教会が国教会となった。二〇世紀初頭にノルウェーに入ったペンテコステ信仰運動は、一九二〇年代に国内に広がった。ノートオッデンに、ペンテコステ派のベタニア教会ができたのも一九二〇年代だった。カールとアンネ夫妻は、この教会のサポートを受けて日本に派遣された。

案内されたベタニア教会はモダンで立派な建物だった。隣りに保育園を併設している。会堂内

ヘッダール・スターヴ教会、2016年６月（著者撮影）

は二百人が入っても余裕のある広さがあり、演奏設備も整っている。現在の教会は七三年に新築されたものであり、それまでの教会は坂を上がったところにあり、売却されて今はシンガーハウスとして使われている。ベタニア教会の目と鼻の先に、ノートオッデンのルーテル派教会祈りの家が建っている。

ノートオッデンは工業都市である。湖に面して大きなハイドロン（肥料）工場がある。肥料工場だとはとても思えない芸術的な建築デザインに驚く。社員が使う駐車場は広く、近くに鉄道駅がある。ノートオッデンの北北西に位置するリューカンも、二〇世紀初めから工業化が進んだ。リューカンのペンテコステ派教会から八八年に日本へ派遣されたトーヴェ・ボルヨソン宣教師は、福井の文教ゴスペルセンターや勝山自由キリスト教会で宣教に従事したあと、関西聖書学院の講師を務めている。勝山自由キリスト教会では、彼女はランヒル・ラヴォスのいわば後輩宣教師にあたる。ボルヨソンは故郷のリューカンについて、次のように語った（二〇一六年一月二二日、生駒）。

リューカンは谷間の街なので、冬はまったく太陽の光が届かない。それで山の頂上に大きなサンミラーを設置したことで有名です。また、第二次世界大戦中に町はドイツ軍に占領されていました。リューカンの工場では核兵器製造に使われる重水が作られていたので、ドイツ軍の核兵器製造阻止のための作戦を連合軍が実施したことでも有名で、これは映画にもなりましたよ。

リューカンからノートオッデンにかけて、山間を回るように流れる川沿い一帯は、二〇世紀初期から工業地帯として発展した。工業化は労働者の流入による都市化と社会変動をもたらす。旧来の共同体は大きな変化の時代を迎えた。ラヴォス姉弟は、二〇世紀の二〇年代にこの川沿いの工業地帯にペンテコステ信徒が増加し多くの教会ができたと証言する。ノートオッデンのベタニア教会もそのひとつだった（二〇一六年六月一五日、ノートオッデン）。

雪国の思い出

ヘッダール・スターヴ教会の前にあるレストランで、ランヒル・ラヴォスが勝山や大野のことを語りはじめた（二〇一六年六月一四日、ノートオッデン）。

雪の多いところで、勝山でも大野でも冬には雪かきを休んだことがありません。勝山自由キリスト教会のブランチだった大野の伝道所が大野福音キリスト教会として独立したのは、七六年だったと思います。六九年に勝山に赴任し大野と勝山を行ったり来たりしましたが、主には勝山で働きました。

八一年の豪雪（五六《ごろく》豪雪）のときには、大野の教会を預かっていました。豪雪の夜、たまたま私は神戸の須磨自由キリスト教会へ出かけていましたが、夜中に大野福音キリスト教会のガスボンベが爆発する事故が起きました。ガス管が雪の重みで折れたのが原因だったそうです。幸い教会に住み込んでいた伝道者の豊美さんや近所の方たちが消火してくださったので大事には至りませんでした。

電話で事故の知らせを受けて私は大野に帰りましたが、そのときから雪が怖くてたまらなくなりました。

ランヒルが育ったサンネスのラヴォス村では、それほど雪は降らないという。雪におおわれる冬の勝山や大野のほうが、ラヴォス村よりもずっと寒いとランヒルは語る（二〇一七年六月一九日、ラヴォス）。

ランヒル・ラヴォスは一九三九年一一月に、ラヴォス村のトルゲー、アンナ夫妻の長女として生まれた。弟二人と妹が一人いて、末の弟がカールである。父は農業と大工の両方の仕事をし、

1歳のランヒルと両親、1940年
（ランヒル・ラヴォスさん提供）

工業地へ働きに行っていた。サンネスは自治体名、ラヴォスは集落名である。ランヒル一家の姓は集落の名と同じである。ラヴォス村は起伏に富み、草地が花崗岩の岩山を取り囲むように広がる。その間を縫うように坂道が続き、牛や羊がのんびりと草を食む。

ラヴォス村の小学校（七年制）を出たランヒルは、スタヴァンゲルの中学校と高校に通った。陸路でスタヴァンゲルまではかなりの距離がある。船だと歩く時間を入れて一時間で通えた。ランヒルの生家から少し坂を下ったところに船着き場がある。今はレジャー用のモーターボートがたくさん係留されている。道路が整備され自家用車が普及した今では、船はスタヴァンゲルへの主たる交通手段ではなくなった。

彼女が通った公立中学校の校舎は、ヨーロッパの伝統的で重厚な造りになっていて多くの生徒が学んでいる。ランヒルが通った頃は、生徒数約千人だったという。中学校を出てスタヴァンゲルの中心にある商業高校に入った。今は普通高校になっていて、当時の校舎は外壁工事が施され、新しいモダンな校舎も増築されている。

当時の商業高校は、商業専門学校でもあった。ここを卒業したランヒルは、スタヴァンゲルの税務署に就職した。かつてはサンネスとスタヴァンゲルにタックスオフィスが置かれていたが、現在はスタヴァンゲルに統合されている。新しいスタヴァンゲルのタックスオフィスは、総ガラス張りのモダン建築である。

宣教師への道

税務署に勤めていた六三年に、ランヒルは休暇を利用してオスロの神学校に入った。このときに、スウェーデン人といっしょにオスロのフィラデルフィア教会を訪ねて来た日本人女性に会ったことが、日本伝道を決意するきっかけになったという。彼女はこのあと間もなく、サンネスのクリッペン教会で宣教師として日本へ行きたいとの意思を示した。六六年には税務署を退職してイギリスの神学校へ留学した。イギリスから帰って再びオスロの神学校で勉強して、日本伝道の準備を整えた。

クリッペン教会では、海外宣教は珍しいことではなかった。パラグアイへ行った家族もあれば、パキスタンへ行った家族もあった。ランヒルの親族にも宣教師として派遣された叔父や叔母がいた。叔父はエチオピアへ派遣され、叔母のエリサ・ラヴォスはコンゴへ派遣された。ランヒルの両親は、結婚する前の三七年にペンテコステの信徒となった。なお、サンネスのクリッペン教会は、三二年にスタヴァンゲルのペンテコステ派教会のブランチとして始まった。

コンゴへ派遣されたランヒルの叔母、1962年（円山茂治さん提供）

ランヒルは日本への伝道を決意したあと、ノルウェー国内のいろんな教会を回り、多くの人たちから祈りを受けてノルウェーをあとにした。羽田に着いたのが六七年五月八日、翌朝に福井県の武生に向かった。二か月して芦屋にあった教会付設の日本語学校に入った。牧師の妻が日本語を教えていた。当時神戸にはペンテコステ派以外にもノルウェー人宣教師がたくさんいた。初め彼女は、灘区の岩屋でオーラウ・ハンセン宣教師といっしょに住み、日本語学校に通った。次いで日本人と生活しながら日本語学校を終え、須磨のペンテコステ教会でしばらく過ごしたあと、敦賀へ移り、六九年四月にハンセンとともに勝山自由キリスト教会に赴任した。

勝山自由キリスト教会は、ふたりの女性宣教師バッケンとバッコの開拓伝道に始まる。五一年一一月に勝山本町の空き家を借りて伝道所とした。五五年に昭和町に宣教師館が建てられ、五七年にはこれに隣接して礼拝堂が建築された。バッコは後にオーゲ・トープと結婚した。大野福音キリスト教会は、ヘンリック・ラッペが六六年に勝山市に隣接する大野市の貸家に伝道所を置いたのがはじまりである。大野の教会堂は六七年に献堂式を挙げていて、二年後に勝山に赴任したハンセンとラヴォスが「日曜日の夜と火曜日に伝道集会や英会話クラス、聖書研究会」などを行った（前掲『FCMF五十周年記念誌』）。

　バッケン、バッコ、ラッペらは、昭和二〇年代から福井において開拓伝道に従事した宣教師だった。ランヒルが勝山に赴任した頃、初期の開拓伝道に従事した宣教師の多くは日本にいなかったと彼女は語る。ランヒルは戦後日本における北欧自由キリスト教宣教団のいわば第二世代にあたるといえる。

勝山自由キリスト教会でのランヒル・ラヴォス、1969年（ランヒル・ラヴォスさん提供）

　ところで、ランヒルは勝山に赴任する前に、ほんのわずかの間ではあったが、三国自由キリスト教会で叶松江牧師といっしょに住んだことがあり、ランヒルが勝山と大野で伝道に従事していた時期の七一年に、叶は三国から勝山に転任している。兵庫県西宮市出身の叶松江の入信と彼女の両親に関するエピソードは、ランヒル自身の不思議な体験とともに今も強い印象として残っていると言う（二〇一六年六月一五日、ノートオッデン）。

　叶さんは神に救われて入信したとき、お父さんに家を追い出されたそうです。彼女はお父さんのもとで大切に育てられた長女でした。でもクリスチャンになったことで勘当されたのです。彼女は信仰を捨てず、両親のもとを去りました。それからどれほどたった頃かわかりませんが、彼女の兄弟の子供さん、お父さんにとっては孫ですね。その子がひどい病気にかかったときに、彼女が呼ばれたそうです。病気の子供を看病して彼女が祈ると、快方に向かったそうです。それをきっかけに、反対していたお父さんは、イエス様を熱心に信じるようになった。私は夢の中で、彼女のお父さんに会ったことがありました。その時はだれかわかりませんでした。この方にぜひ会いたいとその時思ったのを覚えています。それが不思議なことに何年かして会うことになった。なんと、叶さんのお父さんだったのです。その後西宮の自宅に招待されご馳走になったことが何度もありました。叶さんのお父さんにはとてもあたたかい愛を注いでいただきました。

日本で宣教師としての歩みをはじめたばかりのランヒルにとって、叶牧師の家族との交わりは格別に印象深いものとなった。

越前大野と勝山

奥越地方の大野は、北陸の小京都ともよばれている。一五七六年（天正四）に信長の武将金森長近が大野盆地西部の小丘亀山に城を築き、城下町を開いたのがはじまりである。城の周りに武家屋敷を配置し、東側に町屋敷をつくった。今に残る武家屋敷や寺町通りの風情は歴史の香りをただよわせ、訪れる人びとの心をなごませる。一七七五年（安永四）に焼失した天守は、一九六八年（昭和四三）に再建され町のシンボルとなっている（『日本再発見18福井県』同朋舎、一九九七年）。

大野盆地の東部を流れる九頭竜《くずりゅう》川は、福井と岐阜の県境油坂峠付近に源を発し、大野・勝山を経て福井市内で足羽川と日野川の流れを集めて坂井市三国で日本海に注ぐ。九頭竜川の中流域の勝山市は、九頭竜川の谷から加越山地へと市域が広がる。九頭竜川に架かる勝山橋は、勝山と福井を結ぶ越前電気鉄道（現・えちぜん鉄道勝山永平寺線）の開通（一九一四年）にともない、勝山駅と市街を結ぶために架けられた。現在の橋長は三三三メートルである。太平洋戦争中、まだ吊り橋部分が存在したこの橋を、戦地から帰還した英霊を迎えて街へ向かう行列の写真が残っている（『写真アルバム　坂井・あわら・奥越の昭和』いき出版、二〇一七年）。今は、駅を出て長い橋を渡り切ると、恐竜の大きなスタチューが迎えてくれる。一九八九年（平成一）からの福井県立博物館の発掘調査によって、「勝山恐竜群」が発見されたのである。大野と同様に織物と煙草産業の街として知られた勝山において、近年には恐竜が象徴的存在になっていることにあらためて気づかされる。

ところで、一九一二年（明治四五）六月刊の『福井県大野郡誌』上巻は、「本郡の多雪なるは勿論にして、去る十五年、二十五年の如き、一夜に積雪丈余、大野、勝山の如きにてすら、隣家にだに到り得ざりし事なきにあらず。」と記している。大野や勝山の市街においてさえ、積雪に

大野福音キリスト教会でのランヒル・ラヴォス、1969年（ランヒル・ラヴォスさん提供）

閉ざされて隣家にも行けない状態になったというのである。

昭和期では、北陸における一九六三年（昭和三八）と八一年（昭和五六）の大雪が、「三八《さんぱち》豪雪」「五六豪雪」として語りつがれている。八一年に大野福音キリスト教会の宣教師だったランヒルが、積雪によるプロパンガスの爆発事故に驚いた話はすでに記した。当時教会があったのは、国鉄越美北線（現・JR）の越前大野駅の真向かいの弥生町だった。ランヒルが勝山に赴任した六九年当時にはまだ大野と勝山の間を京福電鉄が結んでいたが七四年に廃線となった。六〇年一二月の越美北線の開通に加えて、並行バス路線の開通、モータリゼーションの進展により乗客数の減少がとまらなかったのである。

えちぜん鉄道勝山永平寺線とJR越美北線は、福井駅から山を隔てて平行して走りそれぞれ勝山と大野に至る。奥越地方の隣り合う二つの街は、京福電鉄線の廃線後は路線バスがつなぎ、ランヒルもこれを利用した。

ランヒル・ラヴォスが勝山自由キリスト教会に赴任した六〇年代末には、日本社会はすでに大きな変化をとげていた。五〇年代の後半から六〇年代の高度成長は、日本の産業構造に大変化をもたらした。重化学工業は大きく伸び、第一次産業の就業者の割合が急速に低下して第二次産業と第三次産業の割合が大きく伸びた。さらに、二度の石油危機に直面した七〇年代には、鉄鋼や石油化学などのエネルギー多消費型の素材産業から省エネルギー・省資源・知識集約型の精密機械・電気機械・自動車・エレクトロニクスなどへの産業転換が進行した。重化学工業の著しい成長を経て知識集約型製造業への転換と、サービス産業の伸長にみられるサービス経済化は、世界有数の経済大国へと日本が駆け上がる過程に生じた大変化であった。

越前大野においても、五五年から六五年にかけて農業人口は急速に低下し、全農家戸数に占める専業農家の比率は五六・四パーセントから九・五パーセントに低下した。社会構造の変化は、大野と勝山の繊維産業の工員募集の有り方にも変化をもたらした。六〇年代になると、基幹的な労働力であった中卒女子の高校進学率の上昇と繊維産業工員を敬遠する傾向により地元での募集が次第に難しくなり、九州・東北・北海道からの集団就職の受け入れに力が注がれた。しかし、六〇年代後半になると、集団就職者の確保も容易ではなくなり、中卒就職者の高校への進学保障を目的とする定時制課程の開設が進められた。県立大野高校に定時制昼間二部制課程が開設されたのは一九六八年（昭和四三）であった。勝山ではこれに先立ち、勝山精華高等学校に昼間二部制定時制が開設されている（『大野市史』第一四巻、二〇一三年）。織物工場の労働力受け入れを目的とした定時制開設にあたっては、校舎の建設と備品整備は地元業界負担とされていた。大野織物工業協同組合発行の『大野織物業界のあゆみ』（一九八五年刊）は、「昭和四二年（一九六七）八月一二日組合は臨時総会を招集し、昼間定時制開校に係る諸案件の承認を得て、同年九月、校舎の建設に着工した」と記している。だが、この時期を境に、往年の集団就職の光景は見られなくなり、間もなく繊維産業で働きながら定時制高校で学ぶ若い女子工員の姿も見られなくなった。

ランヒル・ラヴォスが、大野と勝山で伝道に従事した時期は、北欧自由キリスト教宣教団の宣教師たちが開拓伝道を行った戦後間もない五〇年代の日本とは社会が大きく変わっていたのである。

日本伝道のむずかしさ

勝山を拠点にしつつも、大野の教会にも住んだランヒルには、忘れられない大野での思い出がある。両親が強固に反対する娘を導き、ついにはその両親と祖母までが受洗するという伝道体験があった。

「さとえさん」という高校生の娘がいた。ランヒルはずっと彼女をそう呼んでいて、名前の漢字はわからない。さとえの実家は大野の農家で、代々熱心な門徒だった。さとえが国鉄大野駅近くの大野福音キリスト教会に通うようになったのは、高校生になってしばらくしてからであった。彼女が信徒となる決心をしたのは、一六歳の時だったとランヒルは言う（二〇一六年六月一五日、ノートオッデン）。

さとえさんは高校の授業が終わると、ピアノを習いに行っていました。ピアノの練習がない日は、必ず教会に来て宣教の仕事を手伝うようになった。

でも、そのことを知ったお母さんとお祖母さんは、「それはいけない。」と言ってきびしく叱りました。それでも彼女は教会へ来るのをやめなかったので、お母さんは学校が終わる頃に毎日校門まで行って教会へ来させないようにしたんです。

ある日、さとえさんから私に電話がありました。

「ぜひ私の家に来てください。信仰を捨てなければ、明日から家を出なければならなくなりました。家に来て、イエス様と十字架の話をしてください。」と言うのです。

教会の日本人伝道者は、その時みんな不在で私ひとりでした。どうしようかと迷いましたが、ひとりで行くことにしました。

不安な気持ちでいっぱいの私に、さとえさんは「できるだけ簡単に触れるだけでよい。」と言いました。イエス様の話をしたあと、娘の決心が固いことを知ったお母さんは、「今日が最後です。ピアノにも行って宣教師も来た。これはあなたの葬式です。」と言いました。そして、「今は娘の言うままにはできない。自由気ままにはさせられない。」と言いました。私はその時、ひとりで来たことを大失敗だったと悔いました。お母さんはそれから聖書もなにもかも燃やして、高校へ通う娘を送り迎えしました。

それからしばらくして、さとえさんはアメリカへ留学しました。一年ほどして、さとえさんがお父さんといっしょに教会へ来たのでびっくりしました。お父さんの言うには、「娘がそこまで信ずるのは何だろう。」と思って、私がさとえさんの家を訪ねたときから聖書を読みはじめたとのことでした。妥協しない娘の強い意志に導かれて、お父さんも信ずるようになっていたんですね。

お父さんは婿養子さんでしたが、教会で洗礼を受けました。お母さんも、お母さんの実母のお祖母さんも洗礼を受けました。

このように語ったあと、ランヒルは「北陸はやっぱり仏教的地盤の強いところです。」「宣教はなかなかむずかしいですね。」と言い添えた。強固な反対をしていた者が一転して熱心な信者になるという宗教譚は、新宗教運動が拡大する過程にはそれこそ山のように存在する。しかし、ランヒル・ラヴォス宣教師の「さとえさんの話」は、伝道の成功ケースとして話されたものではなくて、むしろ日本伝道のむずかしさを回想する中で語られたものであった。

一九六七年の来日以来、ランヒルは通算二十数年間日本伝道に携わった。一口に二十数年間とはいうものの、彼女の日本伝道は決して平たんではなかったようである。真面目で頑張り屋の性格をもつ彼女は、それゆえに自ら体調を崩したこともあった。仏教や神道の伝統があり、高度な文化と複雑な人間関係をもつ日本社会に食い込む伝道は、容易なものではなかった。

彼女は日本伝道中に、機会があって叔母が宣教師として派遣されていたコンゴを訪ねたことがあった。短い期間に次々と人びとが救われ、教会には何百人もの信徒があふれ、あまりの違いに驚いたという。「日本伝道に携わったノルウェーの宣教師の多くは、一度帰国すると伝道のむずかしい日本に再びもどることがない。」と彼女は話す。「でも、私は途中で終わりたくなかった。」「病気で帰国した時も、日本にもどりたいと思った。」と話す。生涯独身を通したのは、「もし結婚していたならば、旦那さんのことや子供のことをするために時間が割かれたでしょう。私は神の言葉を、福音を伝える仕事にできるだけ力を注ぎたかった。」と、ランヒルは語った。

ハーゲン宣教師との交わり

キーステン・ハーゲンは一九五〇年に来日したから、ランヒルが宣教師として日本へ来る一七年前から愛知県瀬戸で開拓伝道を進めて来た。ハーゲンは一九二二年生まれ、ランヒルは三九年生まれだから一七歳離れている。

歳は離れているが、ハーゲンは四〇年の長きにわたって日本伝道に尽力したので、ランヒルの日本伝道時代はハーゲンの日本における後半の宣教期間とそのまま重なっている。ハーゲンは愛知県、ランヒルは福井県と伝道地は違っていたが、夏の軽井沢での休暇はいっしょだったし、福井に北欧自由ミッションの拠点が置かれていたので、宣教師たちは個人的にも何かと集まる機会が多かった。しかも、ランヒルの伝道時代になると、北欧から送られる宣教師たちの給料は一か所に振り込まれるようになっていた。ランヒルは商業専門学校（高校）を出てスタヴァンゲルの税務署に働いた経験から、宣教師たちに振り込まれる給料その他、すべてのお金を扱う会計の役目も負っていた。だから、ランヒルはハーゲンとも長く親しい付き合いがあった。「いい交わりがありましたよ。」「よく電話でも話しました。」とランヒルは言い次のように語る（二〇一六年六月一五日、ノートオッデン）。

ハーゲン先生は、ノルウェーからの日本伝道ではいちばん最初の方です。アメリカを経て中国に行かれた。アメリカの病院でアルバイトをしながら英語を勉強したそうです。あまり身体は丈夫ではなかったけれど、とても頑張る人で、我慢強い方でした。

中国にいたときに、ノルウェー人医師によって手術を受けたと聞いています。ある時、瀬戸にいたハーゲン先生から、「来てくださいませんか。」と電話がありました。身体が弱いのに休む暇もなかったのですね。その時は心臓が悪いとのことで、お医者さんから安静にするようにと言われました。

胃腸も弱かったんです。油ものは控えなさいとお医者さんに言われていたんですけれど、ハーゲン先生はウナギが大好物だった。北欧自由ミッションの宣教師たちは、夏季にはいっしょに軽井沢で過ごしました。軽井沢から福井までいっしょだった時、昼食にウナギを食べてお腹をこわされたこともありました。

続けてランヒルは、「ハーゲン先生は狭いところに入るのを怖がられた。軽井沢から福井までの間で高速道路を使って移動したとき、トンネルを通過するのを怖がられた。エレベーターの中も怖かったようです。」と付け加えた。ハーゲンには、中国共産軍の銃撃を受けて、ベルゲとともに建物の下へ下へと潜り込み身をこわばらせた体験があった。彼女はそれ以来、狭いところや暗いところにおびえるようになった。

ランヒル・ラヴォスは、「ハーゲン先生が最初にノルウェーに帰られた時には、疲れ切っておられましたが、すぐに日本にもどられました。」と言い、「身体が弱かったのに九三歳まで生きられたのは奇跡です。」「本当に熱心に伝道された方でした。」と語る。

大野の青年

「鈴木夫妻とは、今も時々国際電話で話をします。」「奥さんの豊美さんと話す方が多いかな。ご主人の新一さんはいま武生自由キリスト教会の牧師です。」と、ランヒルは言う。

鈴木新一は一九五六年（昭和三一）に大野市中野町に生まれた。生家は二町歩を耕作する専業農家だった。弟が一人、妹一人の三人兄弟の長男である。熱心な門徒の家に生まれた彼は、小学校のときから毎朝仏壇に手を合わせて登校する行儀のよい子に育った。「お地蔵さんがあると手を合わせ、お小遣いをもらうと神社のさい銭箱に入れて拝むような子供でした。」と、鈴木牧師は語る（二〇一六年九月二〇日、武生）。そんな彼の心に小さな転機があったのは中学生のころだった。

近くに白山神社があって、父が神社の神様知っているかって私に尋ねるんです。ご神体を見たら木端だったと言うのです。そんな話があってから、だんだん疑問がふくらみました。天照大神のお札、そのような神様を三〇〇円で売りに来られる。それを台所にかけてある。家には大きな仏壇がある。だけどそれらは、本当に神や仏なんだろうか。不思議でならなくなった。そういうものとは違う絶対なるものがあるんじゃないかという疑問が私をとらえた。

このように下庄中学校時代を回想する鈴木新一は、県立大野高校へ進み進学クラスに入った。級友はみんな受験勉強に励んでいた。だが彼には、そもそもそれに励む意味がわからなかった。読書好きだった新一は、亀井勝一郎の著書や武者小路実篤の作品などを次々と読んだ。トルストイの戯曲『生ける屍』を読むと「自分は生ける屍かな。」と思い、悩みはますます深くなった。大学浪人をして金沢市内で下宿した頃には、「自分の罪の問題に悩んだ。」と言う。

清く生きたいという思いがあるのに、実際にはそのように生きることができない。自分の内側をのぞいてみると、汚いものがあることに気づかされる。第一いま生きている目的がわからなくて、下宿の部屋でひとり天井を見つめていました。

そのうち、キリスト教の教会へ行けば何かわかるかもしれないと思って出かけた。聖書を読むきっかけにはなったけど、一度だけの見学で終わりました。そんなときに、「クリスチャンです。」と言って近づいてきた人がいた。キリスト教というのはみんな同じものしかないと思っていた私は、彼らの集会について行った。「めしべとおしべ、プラスとマイナス」とか言っていて、意味がわからなかった。三日間参加したあとにまた誘いがあって、今度は大阪で七日間の集会だという。行きたくなかったけれど、ズルズルとついて行ってしまった。『原理講論』という彼らの教典の話ばかりだった。金沢市内の教会を訪ねてから聖書を読んでいた私は、彼らの話に興味をもてなくてその中に入り込むのをとどまった。

続けて彼は、「そこへ入らなかったので助かったんだけれど、そんな集まりに行ったことで、ますます混乱してしまい、とうとう私は放浪者になってしまいました。」と言う。「本当の教会はどこなんだろうと、遠く北海道やあちこちを旅したと言うと恰好がつきそうですが、要するにフウテンのプータローだったんです。」と語ったあと、「恥ずかしい。」と鈴木牧師は言って、はにかむような笑みを浮かべた。

あちこち放浪の末、新一が大野の実家に帰ったのは二二歳のときだった。高度成長の時期はすでに終わっていて、故郷の実家の周囲はほとんどが兼業農家になっていた。専業農家の家業を手伝うことにした彼は、ある日ふと駅前の弥生町にあった大野福音キリスト教会を訪ねた。その時教会にはノルウェー人の若い女性の宣教師がいたがまもなく帰国し、代わって聖書学校を出た岩尾豊美が伝道者として赴任して来た。新一はその教会に日曜日ごとに通うようになった。やがて、十年近く前の六九年に英会話クラスや聖書研究会を同教会で担当していたランヒル・ラヴォスが勝山自由キリスト教会から専属の宣教師として赴任した。

家業を手伝っていた新一は、福井市内にあるキリスト教関係の本を扱う書店で働くようになった。「そこに二年半働きました。その時に聖書学校へ行きたいという思いが与えられた。」と言い、次のように語る（二〇一六年九月二〇日、武生）。

私の実家で建前がありました。新しい家の棟上げのときに、聖書の言葉が私の心に入ってきた。長男だから家督を継いでこの家に住むのかなと、思った瞬間にみ言葉がやってきた。マタイによる福音書（マタイ伝）第四章の言葉です。イエスが荒野でサタンに誘惑される。イエス様はその誘いをことごとく退けられるのです。

あなたが私を拝むなら、地上のすべてのものをあなたにあげようと主は仰せになる。こわした神殿を三日で建て上げるというのは、イエス＝キリストの復活を表わしているのですが、それらのみ言葉が私の中に次々と飛び込んできた。

み言葉が入った意味をしばらく考えていて、私は悟りました。建前したこの家に、自分はけっして住むことはないのだと。

実家の建前があってからしばらくして、新一は「聖書学校へ行きたい。」と父に告げた。父は強く反対したが、半年たって許してくれた。教会の人たちにその思いを告げると、「喜んでサポートします。」と言ってくれた。新一は当時西宮にあった関西聖書学院に入った。三年間の学費と寮費などを合わせると三百万円ほど必要だった。新一の手元には二十万円ほどの預金しかなかった。聖書学校を出たとき、その二十万円はそのまま残っていたという。「小さな教会の信徒さんたちが支えてくださったんです。」と、鈴木新一牧師は言う。

関西聖書学院へ新一が入ったのが二五歳、三年経って八四年に牧師として大野福音キリスト教会に帰った。大野の教会では、彼が初めて教会を訪ねたときから伝道者として住み込んでいた岩尾豊美がその帰りを待っていた。「この人は神様のことばかり話していたので、絶対に聖書学校へ行くだろうと思っていました。」と妻が言い、「私は結婚したいと思ったから祈りましたよ。」「でも主人の方ではタイプでもなかったかも。」と話し夫妻は笑う。

鈴木夫妻は八四年に結婚して、九一年に武生自由キリスト教会へ転任するまで大野の教会で勤めた。この間に、夫妻はランヒル・ラヴォス宣教師と、教会の二階をふたつに区切って共に暮らした。

三国の女性

岩尾豊美は一九五一年生まれだから、新一より五歳上である。夫妻と向かい合って座っていると、何とも落ち着いた雰囲気につつまれる。明るくて飾らないふたりの人柄がそうさせるのだろう。「私、父に言われたんですよ。おまえ三三歳で結婚するなんて、芸能人くらいだって。いまは珍しくないけれど、当時は二十代半ばまでに女性はほとんど結婚したのですから。」と妻の豊美は言う。「私たち新婚旅行で北海道へ行き、オーゴット先生と円山先生のところに泊めてもらいました。そんなに親しいお付き合いがあったわけでもないのに、あつかましくも第一日目に訪ね、ご夫妻にはとてもよくしていただきました。」と語る。

豊美の実家は、三国の街で「さくらや」という洋品店を営んでいた。彼女が育った時代にはまだ大型店はなかったから、街の洋品店はとても繁盛したという。母はクリスチャンではなかったけれど、お転婆の彼女を教会へ行かせた。その頃、三国自由キリスト教会には伝道者の叶松江がいて「お世話になった。」と豊美は言う。

豊美は一五歳のときに洗礼を受けた。「神様がいたら素晴らしいだろう。洗礼を受けたら好きなことをすればいい。」と、そんな考えしかなかった。福井市内にある仁愛女子高等学校へ進んでからは、教会とは疎遠になった。高校を出て大阪で洋裁を習っていたとき、父が倒れて呼びもどされた。死んだわけではなかったけれど、初めて強い不安に襲われた。「人は突然倒れるものなんだ。」と改めて実感した。大阪での暮らしを通して、世間は教会とは違うんだと肌で感じもしていた。真っ暗な夜だった。家の裏を河口に向かって流れる九頭竜川をボーっと眺めていると、クリスマスに教会でプレゼントをもらった光景が浮かんできて無性に恋しくなった。

九頭竜川の川沿いを教会まで歩いて、そっとドアを開けて礼拝堂に入り、ひざまずいて祈っていると、ウンヘイム宣教師が「あなた、どなたですか。」と声をかけた。その当時は、六八年にノルウェーから日本に派遣されたウンへイム宣教師夫妻が三国にいた。

「子供のときに洗礼を受けた者です。」と豊美が言うと、宣教師はとても喜び彼女を受け入れた。三国の教会には保育園が併設されていた。教会に保育園があったなんて、豊美はまったく知らなかった。その保育園で彼女は働くことになった。働きながら保母の資格をとって五年間勤めた。

ちょうどその頃、豊美は殉教者の事跡を伝える本を読んで、衝撃的な感動を受けたことがあった。南米エクアドルのアウカ族に福音を伝えようとした五人の米国人宣教師が惨殺され、ジャングルで遺体が発見された一九五六年の事件のことである。殺された宣教師の妻や姉妹は悲しみをのりこえて、後にジャングルに向かい、ついにアウカの人びとに福音を伝えるのだが、豊美は自分の命を犠牲にした殉教者に深い感動を覚えた。夜にふとんの中で本を読んでいて、涙が止まらなかったという。「私はこの宣教師さんたちのように教養もなければ、なんの取柄もない。こんな私でも使っていただけるだろうかと祈りました。そのことが聖書学校へ行って宣教の道に入るきっかけとなりました。」と彼女は話す。

保母として勤めて五年になる頃、その思いを教会の人たちに伝えると、「あなたが聖書学校へ行くのを私たちは喜んでサポートします。」とみんなが言ってくれた。ウンへイム宣教師は、「そうなると思っていましたよ。」とほほ笑んだ。

関西聖書学院を卒業した豊美は、大野福音キリスト教会へ移ったウンへイム夫妻に呼ばれ、伝道者として大野へ行くことになった。豊美は奥越とよばれる大野への赴任にあまり気乗りはしなかったが、行ってみるとなんと、予想もしなかった生真面目で敬虔な若いクリスチャンの男性がそこにいた。五年後に結婚し彼女の夫となる鈴木新一だった。

新一と豊美が結婚したのは八四年であり、夫妻が武生自由キリスト教会へ移ったのが九一年だった。豊美は結婚前の三年間と、結婚後に子供が生まれてからの二年間、通算して五年間をランヒル・ラヴオス宣教師と生活を共にした。

男の子一人と女の子三人の子供に恵まれました。みんな聖書から名前をいただきました。ランヒル・ラヴォス先生は、三番目の娘の運動会にも来てくださいました。近所の子たちは、ラヴォス先生を私の子供たちのおばあちゃんだと思っていました。

ノルウェーではブラウンパンを作るでしょう。先生がそれを焼いていつも子供たちに食べさせてくださいました。夜遅く、区切ってある二階のドアを娘が叩くんです。「先生、パンちょうだい。」って言ってね。そしたらラヴォス先生は、パンをカットして娘にあげてくださった。子供たちは大人になってずいぶん経ちますが、今もラヴォス先生との思い出をとても大切にして暮らしています。

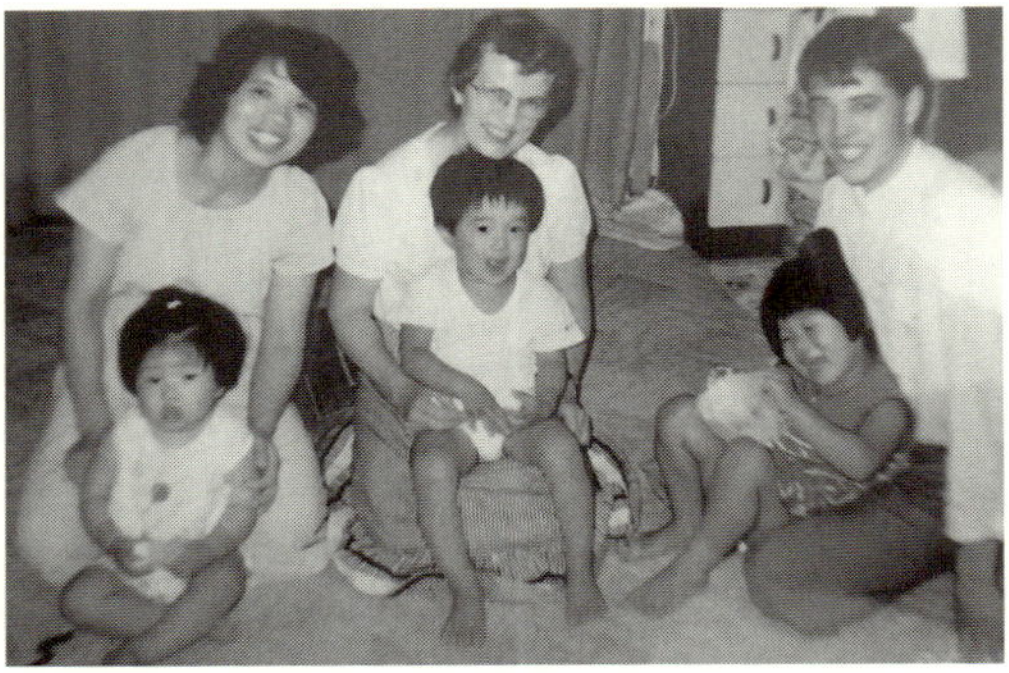
ランヒル、カール、豊美と子供たち、大野、1990年頃（ランヒル・ラヴォスさん提供）

そして、豊美は続けて言う。

「あんなに柔和な方を、私みたことない。ランヒル・ラヴォス先生は、すばらしい方ね。」「たくさんの宣教師さんにお会いしたけれど、あんなに愛と忍耐のある方はめずらしい。」「どんな時も怒ることがない。ミスをしてもきつく言われたことがない。いつもそうと自然にわからせられる。だから、なおさら深く申し訳ないことをしたと気づかされる。」と言い、豪雪でプロパンガスの管が折れて爆発した時のことに触れた。

あの時、たまたま先生は留守にしていらっしゃった。五六豪雪の時、私はまだ独身でした。夜遅く爆発音がした。隣の人がたまたま雪かきをしていて、すぐに「火事だ！」と叫びました。びっくりしました。あのやさしいラヴォス先生がいらっしゃったらどんなに驚かれたかわかりません。留守にしていらっしゃってほんとによかったと思いました。

「さとえさん」のこと

ランヒルが所蔵するアルバムには、彼女の誕生日を祝うために尾張瀬戸から越前勝山を訪ねたハーゲンと撮った写真、鈴木牧師夫妻とその子供たちとの暮らし、叶松江牧師や信徒たちとの交わりなど、日本宣教時代を彷彿《ほうふつ》とさせるものが頁を繰るごとに現れる。ランヒルの誕生日を祝ったハーゲンの髪には、白いものがはっきりと見てとれる。老境にさしかかったその姿に、一九五〇年の来日からの長い歳月を感じさせる。

ランヒル・ラヴォスの誕生日に訪ねたハーゲン、大野、1990年頃（ランヒル・ラヴォスさん提供）

それらの写真の中に、「さとえさん」の父親が河原でお経などを燃やすところを撮ったものが混じっていた。ノートオッデンの湖に面したホテルの一室で、「さとえさんのお父さんが、洗礼を決意されたとき、自らそうされたんです。」と、ランヒルは言う（二〇一六年六月一五日、ノートオッデン）。

この「さとえさん」のことを、鈴木牧師夫妻に尋ねると、「里恵さんといいました」と話す（二〇一六年九月二〇日、武生）。

> 大野の上庄にお宅がありました。農業だったか織物屋さんだったか、はっきりとは覚えていませんが、たしかお父さんは婿養子さんでした。
>
> 高校生のときに教会へ来られて、関西聖書学院へ入って牧師になられました。高校時代にアメリカに留学されたことがあり、帰国して高校卒業後に聖書学校へ行った。いまは結婚してアメリカに住んでいらっしゃいます。ご一家はその後関東へ引っ越されて、お父さんは千葉に住んでいると聞いています。

夫妻がやり取りをしながら思い出すように話したあと、妻の豊美に記憶がよみがえった。

お母さんがものすごく反対された。「誰がうちの娘を教会に誘ったのか。」と言って激しい抗議を受けました。たいへんな見幕で、ただひたすらおっしゃることを聞くしかなかった。それが不思議な方向へと進んだ。お父さんが洗礼を受けると決心されて、お母さんも、お祖母ちゃんも洗礼を受けられた。

気性のはげしいお母さんで、反対するときも尋常ではなかったですが、お父さんの洗礼式には花束を持って教会に来られ、ご主人のために祈られる様子に、普通にはみられないほどの強いものを感じました。

ランヒル・ラヴォスと「さとえさん」、大野、1985年頃（ランヒル・ラヴォスさん提供）

里恵さんはもの静かな方ですが、意志の強いお嬢さんでした。性格はお母さんに似ていらっしゃるのかもしれません。どんな反対にも意志を曲げなかった彼女の信仰によって、家族みんなが救われたのだと思います。

里恵の家は大野市上庄にあったというから、「彼女の父が家の近くの河原でお経を燃やした」というのは、おそらく九頭竜川の支流真名川だったのではなかろうか。ランヒル・ラヴォスのアルバムには、河原で「お経を燃やす里恵の父の姿」、「ランヒルと里恵」、「受洗時に洗礼槽の中に立つ里恵の父」の写真などが貼られている。里恵との出会いは、二十数年にわたる日本宣教のなかにあってもやはり特別なできごとであったにちがいない。

第七章　デンマークから越前、加賀へ

震災地丸岡へ

アンナ・ブルーンとヘレン・リースが、デンマークの教会から別々に中国へ派遣されたのは、第二次世界大戦後の一九四六年だった。雲南で伝道に従事していた彼女たちは、中国大陸において革命が進行した三年後に、共産党政権によって軟禁状態におかれた。この時から、ふたりはその後ずっと行動を共にすることになった。

軟禁状態を脱したブルーンとリースは昆明へ向かい、さらに重慶にたどり着いた。重慶から船で揚子江を四日間下り、鉄道で香港へ向かった。「苦しい四日間の船旅」「更に丸一日汽車に乗り、ようやく香港に辿《たど》り着きました」「暗黒の中から光の中に出た感じでした」「自由の尊さを深く主に感謝した」と、ふたりは当時を回想している（『主のみわざ　小松ベタニヤ福音教会宣教三十三周年記念誌』一九八七年刊）。

ふたりはデンマークの母教会と連絡をとった。ブルーンを派遣したコペンハーゲンのエヴァン

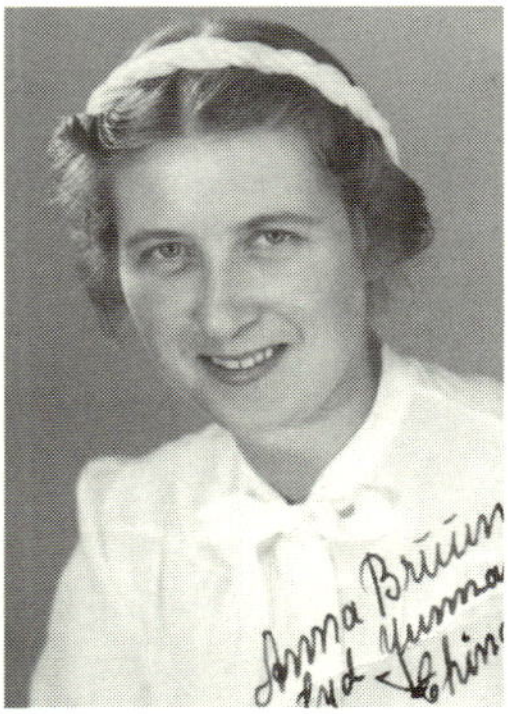

海外派遣前のアンナ・ブルーン、コペンハーゲン、1945年（エリ・ローセ・ブルーンさん提供）

ゲリエキルケン教会からは、「危険だから帰国するように」という回答だった。だが、ブルーンは、「神様が日本へ行くことを示されている。」と言って許可をもらった（二〇一七年六月二一日、エリ・ローセ・ブルーン談、コペンハーゲン）。

ブルーンとリースが神戸港の桟橋に立ったのは、一九五〇年の大晦日だった。港の周辺ではタクシーが見つからなかった。ふたりは日本語が一言も話せなかった。途方に暮れているところに、進駐軍のトラックが通りかかった。米兵が声をかけて来たので、そのトラックで三宮まで送ってもらい、タクシーを拾って目当ての教会に向かった。入国手続きは米国人女性宣教師に依頼した。神戸に着いて七日目から日本語学校に通い、日曜日の子供集会で日本の子供とはじめて話すことができたという。

ところで、北欧自由ミッションのノルウェー人宣教師を福井県へと導いたのは、京福電鉄福井支社長の妻西出静枝だったことは本書第四章に詳述した。ブルーンとリースのふたりは、五一年の夏にこの西出静枝に軽井沢で会い、同年八月二二日に福井県三国の西出宅を訪ねて数日間を過ごしている。ふたりの神戸到着後の動静、軽井沢への避暑、西出静枝との出会い、そして三国へという経路をみると、神戸到着以前から、ノルウェーの自由ミッションと連絡をとっていたとみてよさそうである。おそらく、このふたりも台湾経由で日本に入ったものと思われる。

西出の家で数日間過ごした後のこととして、ブルーンとリースは、前掲の『小松ベタニヤ福音教会三十三周年記念誌』で次のように回想している。

その後その町（三国）のお医者さんから一室を借りて落ちつくことになりました。いよいよ伝道開始です。三国病院で私達は、福井地震で大怪我をした石倉七三子さんに出会いました。しばしば石倉さんを訪問し、三人で日本語と英語とで聖書を学ぶ日が続きました。

或る日、私達は丸岡町を訪ねました。丸岡町は震災の復興も充分ではなく、私達を迎えてくれる者は誰もいません。私達は英語を話せる婦人を訪ねるところでしたが、住所も名前も忘れて困っていると、一人の若い婦人が来て道案内をしてくれました。

ブルーンたちは、震災で大怪我をした石倉七三子が救われることを祈り、丸岡で道案内をしてくれた女性に再び会えるようにと祈った。このふたつの願いはいずれもかなえられた。ふたりは、「丸岡町で働く決心をし、一軒の家を借り、献堂式を行いました。」と語っている。五一年一〇月一五日、丸岡で最初の集会が開かれた（『丸岡自由キリスト教会宣教三十周年記念』一九八一年刊）。丸岡における開拓伝道は、越前金津、加賀小松へと展開した彼女たちの宣教のさきがけとなった。

城下町丸岡

福井県坂井郡丸岡町（現・坂井市）の中心市街は、丸岡藩五万石の城下町だった。丸岡藩は、一六二四年（寛永一）に、本多成重が四万六千余石を賜って成立した譜代小藩である。成重は「一筆啓上、火の用心、おせん泣かすな馬肥やせ」で有名な本多作左衛門の手紙の中の嫡男「おせん（仙千代）」その人である。これにちなんで、現在の丸岡では毎年「日本一短い手紙」の募集と授賞が行われている。観光地となった丸岡城公園内には、募集された「日本一短い手紙」が掲示されている。

一六九五年（元禄八）の本多氏改易後は越後糸魚川からこの地に入府した有馬氏が廃藩置県まで同藩を治めた。丸岡城は、柴田勝豊が一五七六年（天正四）に築いたと伝えられ、現存する天守では最古の遺構と考えられている。城の南に町屋が配置され町屋の西端に寺町が置かれた。丸岡城と丸岡城下は、一九四八年（昭和二三）の福井大地震によって壊滅的被害をこうむった。現在の丸岡城は、六年後の五四年に再建修理されたもので、国の重要文化財に指定されている。

丸岡町は北部が加越山地、南部は福井平野北東部にあたる。北に竹田川の流れがあり、南に九頭竜川が流れている。この地を震源とする直下型内陸地震が発生したのは、四八年六月二八日の午後四時過ぎだった。『福井県史』通史編6（近代二）は、新潟管区気象台「福井烈震速報」を引いて、「被害地区は比較的小範囲にも拘わらず、其の地区内の被害は本邦地震史上稀に見る惨状となった」と記している。続いて、同県史は次のように述べている。

県内の被災地域は、今立郡北中山村から福井市、吉田郡の森田町、坂井郡金津町を経て吉崎にいたる南北約六〇キロメートルを中心とし、東西約二〇キロメートルの一市六郡におよび、ほぼ福井平野全域で家屋全壊率が六〇%をこえた。ことに坂井郡丸岡町、磯部村、春江町などの町村では全壊率一〇〇%と、文字どおり壊滅的被害をこうむったため、これを契機としてあらたに気象庁震度階に震度七（激震）が設けられた。

本震後の火災による被害は、丸岡町一一七六戸、金津町三〇四戸、春江町一二一戸が焼失している。丸岡城下町では古い建物が狭い道を挟んで建ち並び、倒壊家屋が道路をふさいで延焼を早めたという。さらに、震災の一か月後に豪雨による水害が坂井郡を襲った。竹田川と九頭竜川が決壊し、坂井平野の八割が泥海となった。

ブルーンとリースのふたりが被災地丸岡に入ったのは、震災から三年を経た五一年の秋であった。『丸岡自由キリスト教会宣教三十周年記念』誌の編集を担当した長谷部清は、当時を振り返って、「デンマークの国から御婦人二人」が「大災害にあった丸岡町に住む私たち」に、「優しい天使のように」「すべて労する者、重荷を負う者、われに来たれ、われ汝らを休ませんと聖書のみことばをお話しされました」と述べ、「希望のない暗黒の世の中で、非常に困難なる生活でした」「神など信じるものか」「迷いつつのうちに一冊の聖書を与えられました」と記している。続いて長谷部は、二人の女性宣教師は「磯部・竹田方面までも福音伝道」し、金津町と森田町、そして石川県小松市へと、休む日もなく開拓伝道に従事したと書いている。

神戸の関西聖書神学校に夫とともに学んだ森田清子は、牧師となった夫と手をたずさえて丸岡自由キリスト教会（現・丸岡福音キリスト教会）の信仰の灯を守り育ててきた。彼女は、「ブルーン先生とリース先生に初めて会ったのは、夫が神学校の寮にいたときです。」「一時帰国していた二人が日本にもどられたときに、私たちを訪ねてくださった」と回想し、「初めて丸岡に来られたあと、京福電鉄の本丸岡駅近くに家を借りて住まわれたと聞いています。」と語る（二〇一七年三月一二日、丸岡）。

京福電鉄丸岡線は、丸岡町の中心市街の本丸岡駅を起点とし、北陸本線丸岡駅を経由して同電鉄三国芦原線西長田駅（現・えちぜん鉄道西長田ゆりの里駅）に接続していた。当初三国に住んだブルーンとリースは、京福電鉄を使って三国駅と本丸岡駅間を行き来した。そして、接続していた北陸本線丸岡駅へ乗り換えて金津や小松へと開拓伝道を進めた。

京福電鉄丸岡線が廃止されたのは、一九六八年（昭和四三）であった。福井震災の復旧債務に加えて、モータリゼーションによる乗客数激減による廃線であった。本丸岡駅があったところは今はバスターミナルになっている。

武生の生まれ

森田清子は旧姓を加藤といい、武生の緑町に生まれ育った。緑町は一九七四年（昭和四九）に平和町・若松町・元町となり、清子の家があった町域は平和町の名に代わった。彼女は長女で三人の弟が生まれたが二人は夭折した。一九四二年生まれの清子は、武生菊人形で知られる武生中央公園北側の武生西小学校を出て、五七年に武生第二中学校を卒業した。高度成長期にさしかかったとはいえ、当時はまだ彼女が学んだ中学校の卒業生のうち半数は高校へ進学せず実社会に出て働くのが普通だった。

武生高校へ入るのに十分な成績だった清子に、「どうしても高校へ行きたいのなら何とかする」と母は言ったが、彼女は親を助けたいとの思いから働くことを選んだ。「今から思うと、ちょっと残念です。」と清子は言う。

母の姉が加賀の山城温泉にいた。その伯母の知り合いの店で清子は住み込みで働くことになった。清子の母は、自分の姉の近くということで安心して預けられると思ったのである。「百貨店」の名を冠していたが、雑貨店のようなところだった。三か月働いたがなじめなかった。「私、お商売に向かなかった。お客さん相手の仕事が苦手だった。」と清子は言う。

山城から帰ると、近所に住んでいた一つ年上の友達の母親が、「自分の娘が世話になっている倉茂電工社長宅のお手伝いさんに行かないか。」と勧めてくれた。社長宅は兵庫県の芦屋市にあった。社長は創業者の田中利宗、妻はたみ子といった。芦屋の大きな家には、社長夫妻、若夫婦、そして三人の幼い子供たちが住んでいた。住み込みの「お手伝いさん」が三人いて、それぞれに部屋が与えられていた。三人のうち一人が辞めたので、清子が補充のかたちで雇われたのである。

倉茂電工は、一九一九年（大正八）に繊維品の貿易を商う「倉茂洋行」として設立された。今次の大戦後の一九五〇年に倉茂織産株式会社が設立され、五二年にビニル絶縁電線製造を開始して五四年には織布部門を廃止し電線専業のメーカーとなった。だから清子は、「電線を作っている会社の社長宅でしたよ。」と言う。そして彼女は、「お手伝いさん」時代を次のように回想する（二〇一七年八月一〇日、丸岡）。

倉茂電工は武生に本社があるんです。社長さんはもともとは丹後半島ご出身で、私は奥様やご家族のお供をして何回も伺いました。ご挨拶に行くんです。社長さん宅では、ご家族とお手伝いさんとの隔てがありませんでした。お給料をいただいて花嫁修業をさせてもらっていました。

お掃除したり洗濯をしたりしますが、日中は子供さんたちも学校へ行きますから、私たちは教室に通ってお料理やお裁縫を習わせてもらった。市の職員さんが世話をしていたので芦屋市がやっていたのだろうと思います。市内のあちこちからお手伝いさんが集まり、お稽古事の教室活動をしていた。「ひまわり会」というお手伝いさんばかりの公民館活動の交流会を作って、ハイキングなどを企画しました。その時の友達は、九州や京都などあちこちに住んでいますが、今も交際が続いています。お茶は大奥様に習いました。

大奥様の妹さんはクリスチャンでした。その頃にはまだ私は教会へ行ったことがありませんでしたけれど、その姿を見て、また会話の中にすばらしいものがあって感化を受けた覚えがあります。

続けて清子は、「倉茂電工の社長さん宅での三年間は、とても居心地のよいものでしたけれど、父が病気で倒れたので武生に帰ることになりました。」と話す。芦屋時代は清子の十代後半にあたり、初恋もあった。「とても不思議な出会いで、小説にすれば面白いような初恋でした。」と言うのだが、微笑むだけでそれ以上は語ろうとはしなかった。初恋の思い出は、胸の奥にそっとしまわれているのであろう。

武生に帰った清子は、福井村田製作所の武生工場に勤めた。給料は八千円ほどだった。「母は父の友達のところの手伝いとして働いた」という。福井村田製作所の武生工場は、製造開発の試験工場だった。「コンデンサーの試験工場です。試作品を作っていました。試作品を作っては壊し、壊しては作るという仕事をしていた。」と清子は言う。

武生に帰って二年目の冬、一九六二年（昭和三七）一二月一三日、雪の降る道を清子は住吉町の教会に向かっていた。当時は住吉町にあった機屋の建物を改造し、そこに武生自由キリスト教会がおかれていた。

「神様がいらっしゃることを私は知っている。その神は八百万の神ではない。どんな神なのか確かめたい。」と一心に考えながら、清子は降り積もる雪道を歩いていた。彼女には、小学校の二、三年生の頃、武生の街で行われていたテント集会を何度かのぞいてみた記憶があった。楽器を奏でて讃美歌を歌い、西洋人の宣教師が説教をしていた。五年生の時には、担任だった先生に勧められたジャン・ヴァルジャンの生涯を描いた小説『レ・ミゼラブル』を図書室で借り、読みふけった体験があった。パンを盗んだために一九年間監獄生活を送ったジャン・ヴァルジャンは、司祭によって救われ「聖人」としての生涯を終える。小学校のときに読んだのは児童図書だったが、教会へ通うようになってから、成人用の本を買って読み返したという。清子には、キリスト教の神を求める心的素地がいくつか存在したのである。そんな清子を、「お前は変わっている」と母は心配したが、父は「信仰は個人の自由だから」と理解を示した。

武生教会での出会い

加藤清子が訪ねた住吉町の武生教会には、恩恵《めぐみ》幼稚園が併設されていた。ノルウェーの女性宣教師ダニー・グルブランスンがいて、大学を出たばかりの森田令信《よしのぶ》が集会での通訳をつとめていた。令信は清子より三つ年上で、石川県小松市の生まれだった。

令信の父と母は小学校教員として勤めていたが、母は八歳のときに亡くなり父が再婚して義母の手で育てられた。デンマーク人宣教師のブルーンとリースの開拓伝道で設けられた小松自由キリスト教会（現・小松ベタニヤ福音教会）へ、令信が通うようになったのは高校生のときだったという。「英語がとても好きだったので、教会へ行くようになったのも英語がはじまりだったみたいです。行ってみると、デンマークやノルウェーの人たちがいたと言っていました。」と清子は語る。

高校を出て日本大学農獣医学部に入学した令信は、東洋大学法学部に転学し六〇年に同大学を卒業している。東京での学生時代からスウェーデン人宣教師のキリスト教会へ通っていて、卒業して北陸に帰ったのちは福井や武生などで宣教師の通訳として奉仕していた。このときに清子と令信が出会い、若いふたりの交際がはじまった。

清子は当時の令信が彼女に宛てた手紙を大切にしまっていて、「どうぞ」と言って見せてくれた。若者のラブレターだが、令信はすべて信仰とむすびつけて書いている。「私を指導しようと思っていたんでしょ。」と清子は言う。結婚の意思をかためたのは、ふたりが初めて会って二年後の夏だった。令信が清子を父母に紹介しようとしたのもその頃だった。だが父は頑としてうけつけなかった。

反対なんてものではなかったようですよ。神学校へ行くという話と結婚の話をいっしょに持って行ったものですから、ものすごく叱られたそうです。

「お前は霞を食って生きていくつもりか！」ってね。

親としては当然だったと思いますよ。大事に育てて東京の大学に行かせた長男ですもの。お父さんの気持ち、わたし本当によくわかります。

勘当のようになった六四年一一月に、ふたりは武生自由キリスト教会で婚約式を挙げた。結婚式は翌六五年三月、完成して一年五か月の小松自由キリスト教会の会堂だった。

令信の妹夫婦と弟は結婚式に出席したが、父母の姿はなかった。彼を育てた義母はぜひ式に出たいと言ったが父が許さなかった。清子の両親と令信の弟妹、そして教会の人たちに祝福されて清子と令信は夫婦となった。

結婚式後に二人は令信の父母にあいさつだけをして、四月に神戸の関西聖書神学校に入った。令信は神学校で寮生活をし、清子は須磨の宣教師館を借り聴講生として神学校に通った。自由キリスト教宣教団のノルウェー人宣教師家族がちょうど帰国中だったので、留守中の宣教師館に住まわせてもらうことになったという。神学校の費用も夫婦の生活費も、すべてデンマークのミッションから支給された。「生活費として、月々一万円ほどデンマークのミッションからいただきました。」と清子は言う。

関西聖書神学校は、「日本伝道隊」と「日本イエス・キリスト教団」による神学校だったが、他教団からも神学生を受け入れていた。「日本伝道隊」の日本宣教は二〇世紀初頭にさかのぼり、同教団はイギリスに本部をおくプロテスタント教派のひとつである。「日本イエス・キリスト教団」は、昭和戦前期に「日本伝道隊」の流れをくむ教会によって結成され、清潔と聖霊の内住を強調する。令信の信仰には、関西聖書神学校の教義が色濃く反映していることが彼の書き残したノートからうかがえる（森田令信『霊想——湧き上がる心の泉』文芸社、二〇〇一年）。

関西聖書神学校は神戸市垂水区塩屋町にあり、須磨自由キリスト教会は須磨区禅昌寺町にある。山陽電鉄の板宿駅と、神学校の最寄り駅滝の茶屋間を聴講生の清子は通った。神学生の令信は、在学中の四年間はほとんどが寮生活だったが、三、四年生になると比較的自由に清子のもとへ帰ることができた。須磨の宣教師館には、しばらくしてヘンリク・ラッペがノルウェーからもどったので、清子はラッペの家族と同居することになった。「神学校の聴講を終えると、ラッペ夫妻のお子さんの世話をしたり、教会の手伝いをしたりしていました。」と清子は言う。

六七年、令信の神学校三年目に夫妻の長男が生まれた。六九年三月の神学校卒業式には、令信の父が出席した。小学校の校長だった義父について、「いいお父さんで立派な方でした。私はお父さんが大好きでしたよ。」と清子は語る。

神学校を終えたあと、夫妻はすぐに丸岡自由キリスト教会に赴任した。牧師がいなかったからである。教会を預かって七〇年代から八〇年代には、若い人達がたくさん礼拝に参加したという。草創期からの信徒たちも来ていた。だが、時を経るとともに信徒数は減少した。

若い人達はそれぞれ大学へ進み、そのまま地元へは帰ってきません。先輩の信者さんは次々と亡くなります。初期からの信徒さんをたくさん見送りました。

武生教会は若い方がたくさんいらっしゃいますし、小松教会にもおられます。丸岡はずいぶん高齢化が進みました。それでも、音楽集会などを催しますと、一般の方たちがたくさん来てくださいます。教会は閉鎖的であってはいけないと思うんです。

こう話して、清子は自分の手で編集発行した『見えないものを求め続けて――森田令信遺稿集』（二〇一四年刊）を私に手渡した。巻頭口絵には、若き日の夫妻の写真が幾枚も並んでいる。そのうちの数枚が私の目をとらえた。八八年六月から七月のノルウェーとデンマークへの旅の写真である。「霊の親」と記されたイブ・ソン・ニールスン夫妻と清子の写真、ヘレン・リース宣教師の姉に家を借りたデンマークのボーンホルム島での一週間の生活、ノルウェーにオーセ・ハ

イブ・ソン・ニールスン夫妻と森田清子、1988年、デンマーク（森田清子さん提供）

ウゲンを訪ねた時の一枚などであった。

イブ・ソン・ニールスン夫妻は、アンナ・ブルーンとヘレン・リースのあとに、デンマークから金津自由キリスト教会（現・金津福音キリスト教会）に赴任した。夫妻の娘メアシーと、その夫ロバート・イエスパーセンは、三人の娘とともに長く金津に住んで宣教に従事した。オーセ・ハウゲンは福井県や愛知県で伝道し、武生教会に長くつとめた宣教師であった。北欧自由ミッションが経た長い年月の糸が北欧の旅を撮った清子の写真によって、一瞬のうちにつながれたように私には感じられた。

小松、金津へ

ブルーンとリースは、前掲の小松ベタニヤ福音教会（七七年までは小松自由キリスト教会）の三三周年記念誌に「小松への召命」の見出しで、自由キリスト教伝道団の団長を務めるルドルフ宣教師から「隣県石川県に対する召命（神からの呼びかけのこと）」を聞いたと述べ、「石川県の形はデンマークの形によく似ていることもあって、私達を惹《ひ》きつけることとなった」と記している。

一九五四年（昭和二九）三月に、ブルーンとリースは小松市内のクリスチャンだった勝木医院の離れを借りて丸岡から移り住み、同地での開拓伝道を開始した。伝道集会は主として夜に開かれた。小松市・丸岡町・金津町・坂井町・森田町と回ってそれぞれ週一回の伝道集会を行っていたと述べ、次のように回想している。


当時は、自動車と言えばバスしかなく、道路も貧弱で有力な交通手段は鉄道だけでした。私達は、いつも大きなアコーデオンを肩にし、多くのトラクトや聖書の入ったバックを携えていました。雪の降る日は大変でした。

そんな遠路の集会でも、参加者が少ないこともしばしばでした。「二人でも、三人でも、わたしの名において、集まるところには、わたしもその中にいるからです。」（マタイ18：20）という御言葉が、そのまま祈りとなりました。夜遅く帰り路、駅の待合室の人影はまばらで、ストーブの火も消えかかり、宣教活動に対する人々の反応を示すようでありましたが、「主が共にいて助けて下さいます。私達は若くて丈夫です。」これが私達互いの励ましの言葉でした。

私達の生活は質素でしたが、心は常に豊かでした。このような出張伝道の中でも、英語バイブルクラスも並行して行い、若い人々が多く導かれました。小松市でも病院の空室で、消防署の二階で、喫茶店の中で、また、公民館の中で、若い人々が導かれ救われ、洗礼を受けました。

石川県南西部加賀平野に位置する小松市は、北陸の代表的工業都市として知られている。産業機械、建設機械の小松製作所（コマツ）が設立されたのは一九二一年（大正一〇）であり、二町六村が合併して市制が実施されたのは一九四〇年（昭和一五）であった。小松飛行場が完成したのは終戦前年の一月である。航空自衛隊小松基地が置かれたのは、六一年六月だった。小松市一帯は、今日では日本有数の機械工業の産業集積地と言われ、ブリヂストン・村田製作所・ソニー・パナソニック等々、多くの事業所が置かれている。

ブルーンとリースが小松に引っ越して一年後の一九五五年、ふたりは金津町（現・あわら市）において工場だった建物と事務所付きの住宅を購入した。翌五六年には、工場と事務所を分離してそれぞれを教会と宣教師館に改造し、借りていた小松の勝木医院の離れからこちらへ移り開拓伝道の拠点とした。

金津は福井平野北端の町である。街の中央を竹田川が流れる。古くは三国湊へ通じる舟運の街として、また北陸街道の宿場町として発達した。物資が集散するこの街に立った市《いち》の守護神が市姫であり、竹田川に架かる市姫橋（現・金津大橋）はそれに由来する。近代には舟運に代わって鉄道が発達した。一八九七年（明治三〇）に北陸本線金津駅（現・芦原温泉駅）が開設され、一九一一年末に鉄道院三国線の金津—三国間が開業し、一九二九年（昭和四）には、永平寺鉄道の金津—永平寺間が開通した。金津は芦原温泉・東尋坊・永平寺への玄関口となった。戦中に京福電鉄となった永平寺線は一九六九年に廃線となり、三国線は七二年に廃線となった。現在はバス路線に引き継がれている。ブルーンとリースが開拓伝道を進めた当時は、丸岡・金津・小松の間を彼女たちが回るのに鉄道が有力な交通手段となっていて、金津はその拠点として便利な位置にあった。

金津福音キリスト教会

金津福音キリスト教会はあわら市市姫二丁目にある。北陸本線芦原温泉駅から十分余り歩いて金津大橋を渡るとすぐである。教会正面の細い道を隔てた北側に浄土真宗大谷派永宮寺があり、南には保育園を併設する浄土真宗本願寺派妙安寺がある。どちらも立派な構えの寺院である。金津には吉崎御坊跡の吉崎山の麓に本願寺派の別院があり、近くに大谷派の別院がある。金津は歴史に残る真宗布教の中心道場で知られる町である。

二〇一七年三月一一日に、私は金津福音キリスト教会を訪ねた。この教会と丸岡福音キリスト教会は、今は菅原純次牧師が兼任していて隔週の日曜日の礼拝に交互に出ていると事前に聞いていた。翌一二日の日曜日に丸岡福音キリスト教会を訪ね、菅原牧師に会うことになっていた。金津福音キリスト教会は無住の教会だが、訪ねれば誰かに会えるかもしれないという期待があった。

周辺の街並みを散策したあと教会に近づいてみると、内部の電灯がついていて人の気配がした。声をかけてみると四、五十代かと思われる男性が現れた。来訪の趣旨を伝えると、教会の中に案内され話を聞くことができた。
男性は堀川幸男と名のり、二五年前にロバート・イエスパーセン、メアシー夫妻に導かれたと言う。信仰との出会いは高校生のときであった。金津から丸岡高校に通学していた彼は、学校の帰りに丸岡で散髪することにしていた。その散髪屋の妻が丸岡教会の信徒だった。彼女に導かれた堀川は、卒業後二十代になってから丸岡教会に通うようになった。丸岡教会には森田令信牧師がいた。「金津教会にいたイエスパーセン宣教師がビザの関係でデンマークへ帰っていたので、丸岡教会へ行ってました。日本にもどられてからはずっとこちら（金津教会）へ来ています。」と話し、次のように語る。

イエスパーセン先生は、すっごく優しい先生です。時にはしっかり叱ってくれました。大人になってから習った日本語ですから、たどたどしいところがありましたが、細かなところは娘さんたちが通訳してくれました。娘さんは三人、長女がアネッテさん、次女がヨアンさん、三女がボーディルさんです。

教会の二階には、イエスパーセンの執務室だった部屋や三人の娘が住んでいた部屋があり、娘たちの部屋は今は応接室として使われている。三人の娘の三女ボーディルは、金沢市旭町のホープハウスの宣教師である。祖父イブ・ソン・ニールスン夫妻、父イエスパーセン夫妻、そしてボーディルと、三代にわたる日本伝道の宣教師である。
前年の二〇一六年一二月二一日に、私は小松ベタニヤ福音教会を訪ねていた。その折に、田中

イエスパーセン夫妻と娘たち、金津、1986年
（エリ・ローセ・ブルーンさん提供）

憲昭牧師に白山市のボーディルの自宅に案内してもらった。田中憲昭は化学工場に長年勤め、定年退職後に妻と相談し自費で生駒市の関西聖書学院に入り牧師となった。車を走らせながら田中牧師は旧約聖書の話を始め、「仏教の空《くう》の思想と、旧約聖書の世界とが不思議と似ていることに驚きました。」と言う。窓外には大型前方後円墳が横たわっていた。

イエスパーセン夫妻の三女ボーディルは、コペンハーゲン大学を出たあと、金沢大学に留学し改めて日本語を勉強したという。留学後、福井市の文教ゴスペルセンターで宣教に従事し、日本の青年と結婚して金沢で伝道を続けている。この日、彼女は赤ちゃんと幼い子供の世話をしながら迎えてくれた。彼女に会えたことによって、デンマークにイエスパーセン夫妻を訪ねる道が開かれた。

イエスパーセン夫妻

緑の平地を眺めながら、コペンハーゲンから電車で三十分余り郊外へ走る。駅を出ると、夫妻の長女アネッテの車と、そばで手を振る彼女の姿が目に入った。閑静な住宅街の一角に夫妻の家があった。オレンジの屋根と淡いクリーム色の外壁が調和しメルヘンの世界を感じさせるようなかわいいお家だった。前庭や裏庭にはピンクのバラが咲いていた。部屋に迎えられて紅茶とケーキのもてなしを受けながら、金津教会で会った「堀川さん」について、ひとしきり話がはずんだ。夫妻は金津や小松で伝道した頃を心から懐かしむ表情であった。

ロバート・イエスパーセンは、一九三二年生まれで妻のメアシーは三五年の生まれである。メアシーは宣教師だった両親が中国雲南地域の伝道中に生まれたが、三歳のときに実母が亡くなり、デンマークで祖父母に育てられた。父が再婚し再び中国へ赴いたからである。イエスパーセンには、中国で亡くなったメアシーの実母について綴った本がある。

中国に次いで韓国での長い伝道ののち、メアシーの父イブ・ソン・ニールスンと彼女の義母が来日し、丸岡・小松・金津で宣教に従事した。このときに、丸岡自由キリスト教会の森田牧師夫妻がイブ・ソン・ニールスンと親交をむすんだ。

ロバート・イエスパーセンはペンテコステ派の神学校でメアシーと出会って結婚した。彼はアンナ・ブルーンがデンマークに帰国した七七年に、エヴァンゲリエキルケン教会での彼女の集会に出席し日本伝道に関心をもった。ブルーンから日本伝道の宣教師となることを勧められたという。宣教師になることを祈りはじめてから彼の日本への思いは深くなり、日本語にも取り組んだ。一五年後、神からの召命すなわちコーリングを受け、妻メアシーと三人の娘アネッテ・ヨアン・ボーディルを伴って金津福音キリスト教会に赴任し二十年の長きにわたって伝道に従事した。夫妻は教師資格を持っていたので、娘たちの小学校と中学校は家庭学校での教育だったが、高校と大学はデンマークに帰って進学した。

日本宣教時代を振り返って、メアシーは次のように語る（二〇一七年六月二二日、ネスタヴェ）。

小松教会は、とっても聖霊的信仰が良くて、いつも喜びでいっぱいでした。全体がポジティブで、にぎやかな雰囲気に包まれていました。金津に住んでいましたが、両方の集会に出ていたのです。金津教会も小松教会も、信徒の方たちはみんな聖書のとおりの生き方でした。救われて信仰の決心をすると仏壇を取り払い、熱心なクリスチャンになるというような生活でした。

集会に出て、ブルーン先生とリース先生の話をしますと、みなさんの目がピカピカと光るのが印象的でした。

このようにメアシーが回想したあと、イエスパーセン夫妻は、口をそろえて「もちろん私達には聖霊の体験があります。」「異言の経験もあります。」と言い、メアシーの両親も異言を話したとのことであった。

イエスパーセン夫妻は、油絵を得意とする教員だった。部屋の壁には、日本に住んだときに描いた作品が一面にかけられていた。四季折々の三国海岸や白山の風景が日本家屋のたたずまいとともに描かれている。その一つひとつから、日本への思いの深さが伝わって来るようであった。帰り際に、「瀬戸へ何回も行きましたよ。瀬戸にはキーステン・ハーゲン先生がいました。」と、イエスパーセンは言った。聖霊の恵みを背負って日本に福音を伝えた北欧自由ミッションの宣教師たちの面影を思い浮かべながら夫妻の家をあとにした。

あとがき

本書は、戦後の台湾社会における日本文化の継承と変遷の解明に取り組んだ前著『台湾の戦後日本――敗戦を越えて生きた人びと』(東方出版刊、二〇一五年)から浮かび上がった北欧のキリスト教ペンテコステ派宣教師と戦後日本の若者たちとの交流の史実を追究したものである。

日本統治下の台湾に育った麗珍・麗娟姉妹が北欧の若き女性宣教師キーステン・ハーゲンに出会ったのは、一九四九年であった。台湾彰化の長老派の教会に、牧師だった姉妹の父をハーゲンが訪ねたのが家族ぐるみの親しい交わりのきっかけとなった。台南の長栄高女の校長だった番匠鐵雄を尊敬した姉妹の父は、翌年ハーゲンが日本へ移動する際に、番匠が副院長を務める名古屋の金城学院高校への二人の留学を依頼した。五一年春に瀬戸で開拓伝道を始めたハーゲンは、姉妹を呼び寄せ共に暮らした。高校と短大時代を母のように慕った姉妹の回想から、ハーゲンの足跡と北欧自由ミッションの輪郭が初めて浮かび上がった。

これまでに日本国内において実施した愛知・福井・北海道・兵庫・奈良・大阪での調査過程で判明したのは、日本におけるペンテコステ派宣教に関する研究が、大正期にアメリカから来日し

著者の質問に答えるキーステン・ハーゲンさん、シー、2015年 6 月

たクートと、彼の家族を中心とした青木保憲さんの研究「Coot Family: The History of Oneness Pentecostalism “United Pentecostal Church in Japan” and Pentecostal Mission Board “Next Towns Crusade”」のみであり、戦後の北欧からの宣教に関する研究は皆無であるという事実であった。二〇一六年六月には、ノルウェーのペンテコステ派海外宣教本部の責任者カール・ラヴォスさんをノートオッデンに訪ね、資料収集と意見交換を行った。その際、北欧自由ミッションの日本伝道に関する研究が北欧においても全くないことが判明し、私が取り組んでいる調査と研究に期待が寄せられた。

麗珍と麗娟に関する研究成果は、前著『台湾の戦後日本——敗戦を越えて生きた人びと』の「第七章　二つの苦難を越えて」と「第八章　キーステン・ハーゲンとともに」に叙述した。同書は出版まもなく『読売新聞』と『毎日新聞』が大きく取り上げ、日本図書館協会選定図書となった。同書出版間近の二〇一五年六月に、私はキーステン・ハーゲン（当時九二歳）をノルウェーのオスロ近郊シーに訪ねた。ハーゲンの海外宣教を支援したライラ・オデガードさんの協力を得たシーのサーレン教会などの実地調査によって、彼女の生い立ちが初めて明らかになった。二〇一六年一月にハーゲンの訃報に接した私は、同年五月四日に瀬戸市文化センターにおいてシンポジウム「Miss. ハーゲンと瀬戸」を開催し、『日本近現代史研究』第五号をシンポジウム特集として編集発行し来場者に配布した。同シンポジウムは『朝日新聞』と『読売新聞』が大きく取り上げ、当日は一般市民・研究者・学生で満席となった。

ところで、本書において追究した中心課題とは、いったい何であろうか。ここに改めて記しておきたいと思う。端的に言えば、中国共産革命に追われ台湾を経て戦後復興期の日本に入った北欧自由ミッションの宣教師たちの開拓伝道の道程と、日本の青年たちとの心の交流の様相を社会史的観点から多角的に跡付け具体的に解明することが目的であった。終戦によって新時代を迎えた若者たちが一九五〇年代に出会った北欧の宣教師たちは、ノルウェー各地とデンマークのペンテコステ派教会によって派遣されていた。日本語習得と並行して始まった彼らの伝道によって、愛知・兵庫・福井・石川の各地に多くの教会が設けられた。初期伝道の頃を知る人は希少になったが、今も北欧と日本の教会のつながりは強い。二〇世紀初頭の新しい信仰運動を受容した北欧の人びとと、戦後復興期から高度成長期の日本の若者との邂逅《かいこう》の内実について、本書では口述資料と文字資料の収集・分析・記録化によって、さらには地域社会の変貌と都市化に伴う環境変化の検証を通して、日本と北欧の両方向からその現代史的意味を問うことにした。

学術的観点からみるならば、本書においては主に二つの背景が存在している。その一つは、近現代における新宗教の急激な拡大発展は、工業化に伴う都市化と社会変動、すなわち従来の共同体の激変と相関関係のもとに人びとを新たに組織する信仰運動ととらえる私の新宗教史論に根ざすものである。いま一つは、近代日本におけるキリスト教プロテスタントの伝道は、旧士族階級など知識層に受容されたことを特徴とみなす一般論とは異なる見解、すなわち商人や農民などへの伝道が明治期に存在し、そこにこそ欧米と日本の信仰文化の交流の本質が見いだせるという私自身のこれまでの研究から発するものである。

拙著『教派神道と近代日本――天理教の史的考察』（東方出版刊、一九九二年、増補改題して『天理教の史的研究』一九九六年）は、近代日本において巨大教団となった新宗教の天理教が一八九〇年代の資本主義形成期に全国的に展開し、資本主義が飛躍的に発展した第一次世界大戦後に大膨張を遂げた事実を研究対象とし、社会変動による旧来の共同体の弛緩、特に急激な都市化現象と密接な相関関係をもって展開したことを多方面から実証したものであった。

一方、明治初年に大阪川口居留地から京都に入ったアメリカン・ボードの宣教師M・L・ゴードンとその妻アグネスが、商人層の多い下京や丹波地方の農民への伝道に力を注ぎ、四条教会設立の基礎を築いた史実を追った私の研究は、明治期を通してのプロテスタント信仰と日本の庶民の精神交流を示すものであった。この研究成果は論文発表ののち拙著『管野スガと石上露子』（東方出版刊、一九八九年）に、「四条基督教会とゴードン」として論述した。同書では、大阪最初のキリスト教会梅本町公会や、明治初年に渡米しノースウェスタン大学、次いでギァレット聖書学校に学んだ沢山保羅が帰国して設立した浪花公会に言及し、明治期の天満教会と大阪の市井の人々のプロテスタント信仰についても叙述した。

第二次世界大戦を経て、中国大陸から台湾、そして戦後復興期の日本に入った北欧自由ミッションのペンテコステ派宣教師は、十数人のノルウェー人とデンマーク人二人だった。ペンテコステ派は、メソジスト、ホーリネスというキリスト教の新しい信仰運動の系譜をひいて発生した。二〇世紀初頭のアメリカに生まれたこの信仰運動をノルウェーに伝えたのがオスロ・メソジストのシティ・ミッションの創始者T・B・バラットであることは知られているが、ノルウェーにペンテコステ信仰が広がったのは、一九二〇年代の工業化と都市化が進行した地域だったことは、近年におけるノルウェーのシー及びノートオッデンにおける私の実地調査で判明しつつある。シーの街は一九二〇年代から三〇年代にかけて近代的外観を整えた。この街のペンテコステ派信徒の小集団が拡大したのは同時期であり、ノートオッデンが肥料工場を中心に工業化し、ノートオッデンからリューカンにかけての川沿いが工業化する一九二〇年代に、ペンテコステ派教会がその一帯に設立されていった事実が近年の私の調査で明らかになりつつある。

北欧自由ミッションのうち、台湾から日本へ最初に入ったのは、中国共産革命で大陸を追われた三人の女性宣教師ハーゲン、ベルゲ、ミヨスであった。この史実が浮かび上がったのは、戦後台湾社会の変容との関連で日本文化の継承と変遷の有り様を問うた研究過程においてであった。その研究成果として出版した前掲『台湾の戦後日本――敗戦を越えて生きた人びと』は、大正期と昭和戦前期を対象とした『台湾と日本――激動の時代を生きた人びと』（東方出版刊、二〇〇八年）と姉妹編でもある。この二著において追究した近現代における東アジアの歴史状況と民族間の精神交流を解明する研究は、敗戦・復興・高度成長へと激変する日本の地域社会との関連で、北欧のペンテコステ派宣教師と新時代の日本の青年たちとの精神交流の内実を明らかにする研究へと進展した。これがすなわち本書の核心をなす問いであり、それはこれまでにおける私自身の学術的追究の集約的意味をもつ課題でもある。

戦後復興の最中にあった陶磁器の街瀬戸に、キーステン・ハーゲンが入ったのは一九五一年（昭和二六）であった。初期信者の磯部清二は、名古屋大空襲で焼け出され旧制中学を中退し定時制高校に通っていた。彼は五一年春に、友人だった在日朝鮮人の南光雄とともに導かれ翌五二年にペンテコステ派の洗礼を受けた。磯部は宣教事務を手伝いその俸給で南山大学夜間部を出た。陶土を運ぶ父の仕事を手伝っていた南は、初期の教会の一室を勉強部屋にして名古屋大学へ進んだ。二人にとって、ハーゲンとの出会いはその後の人生の出発点となった。

ハーゲンは、裕福な家庭に育った娘ではなかった。オスロの陸軍の食堂に勤めていた母が未婚のままで彼女を産んだ。母は娘に愛情を注いだが、働くために他人の子供を預かる家に彼女を預けた。ジプシーの子供を育てる家庭で暮らしていた一六歳のとき、ペンテコステの小集会に参加して受洗し、神学校に通って宣教師になった。彼女に導かれた日本の信徒たちは、彼女の生い立ちは知らない。だが彼女を知る日本人は、ハーゲン宣教師は他人を愛情深く気遣い、貧富や民族の違いを超えて困っている人に分け隔てなく手を差しのべる女性だったと口をそろえる。彼女の人柄の背景となった生い立ちは、ノルウェーにおける口述資料と文字資料の収集によって初めて明らかになった。ハーゲンの出生については、オスロ中央病院所蔵の出生記録によって確認した。

オーゴット・ベルゲは、オルガ・スカウゲに続いて福井県に入った。彼女に導かれた染織工の円山茂治は、ベルゲと結婚し宣教師となった。円山の家族は大阪大空襲で焼け出され、戦後間もなく父が病没した。鯖江に疎開していた円山は旧制中学を中退し、弟妹の面倒をみるために精練・染織会社の工員となった。独学で語学を習得して身を立てようとした円山は、武生自由キリスト教会でベルゲに出会った。彼はノルウェーの二人の女性宣教師ベルゲとグルブランスンの支援を受けて聖書神学校に入った。ベルゲと円山は、結婚後ブラジルサンパウロの日本人街を拠点に一〇年間伝道したのち、再び夫婦で日本にもどり北海道北広島で開拓伝道に従事した。

ベルゲによる武生伝道に始まり、三国・福井・金津・丸岡・大野・勝山・敦賀、そして石川県小松へと宣教は広がった。福井は米軍の空襲を受け、復興期に大きな震災があった。瀬戸は窯業の街であり、福井県には織物業の街が多い。両地域での北欧ペンテコステ派宣教師と若者たちとの邂逅の背後には、一九五〇年代の激変する日本の地域社会があった。本書の目的は、社会変貌との関連において、外来の新しい信仰運動を背負った宣教師たちと日本の若者たちとの出会いの真実を、日本と北欧の双方向からその心の襞にまで分け入って解明しようとしたものである。北欧ペンテコステ派の日本伝道研究は北欧にも日本にも皆無であり、ましてや本書のような取り組みはこれまでに存在しない。

本書執筆に至る調査過程では、戦後日本に入って開拓伝道を行った北欧自由ミッションの宣教師たちや、彼らを知る北欧のペンテコステ派教会の関係者、及び彼らに導かれた日本人信徒と教会関係者からの口述資料（録音）を収集し、これを編集し文章化して分析した。あわせて、手記や手紙、日本と北欧の教会記録、ノルウェー・スウェーデン・フィンランドのペンテコステ派宣教本部の記録、公文書、新聞雑誌記事等々の資料収集を並行して進め、これと関連する建物や街の変化の検証を実地調査によって行い、それらの成果に十分な分析と検討を加えて全体像とその内実を明らかにすることにつとめた。

本書執筆のための調査においては、次の方々のお世話になった。

キーステン・ハーゲンさん、ライラ・オデガードさん、ハラルド・オデガードさん、ランヒル・ラヴォスさん、カール・ラヴォスさん、トーヴェ・ボルヨソンさん、グン・クラセイエさん、エリ・ローセ・ブルーンさん、ロバート・イエスパーセンさん、メアシー・ソン・イエスパーセンさん、アネッテ・ソン・イエスパーセンさん、アルト・ハマライネンさん、ケント・エデフォスさん、アンドレアス・ヘンリクソンさん、中林ボーディルさん、高李麗珍さん、磯部清二さん、磯部紀久子さん、加藤訓さん、加藤麗子さん、南弘子さん、矢野誠さん、桜井保子さん、鈴木新一さん、鈴木豊美さん、円山茂治さん、川瀬清文さん、東賢治さん、森田清子さん、大田裕作さん、青木保憲さん、中坊久行さん、田中憲昭さん、菅原純次さん、山田文男さん、小池冨雄さん、小池幸子さん、堀川幸男さん、梅園信夫さん、鈴木卓美さん。

本書執筆の端緒となった既発表の拙稿は、「記憶の中の台湾と日本⑼―統治下に育った人びとの戦後の軌跡―」（『関西大学文学論集』第六四巻第四号、二〇一五年三月）、「記憶の中の台湾と日本⑽―統治下に育った人びとの戦後の軌跡―」（『関西大学文学論集』第六五巻第三・四合併号、二〇一六年三月）、「キーステン・ハーゲンの情熱（Kirsten Hagen's Devotion）」『日本近現代史研究』第五号（二〇一六年四月）、「北欧自由基督教宣教団と戦後日本―台湾を経て日本へ―」（『関西大学文学論集』第六六巻第四号、二〇一七年三月）などである。なお、本書は科学研究費助成事業（学術研究助成基金助成金）基盤研究(C)による研究成果でもあり、北欧における調査では、橋寺知子さんと佐藤奈津さんの協力を得た。

本文中に引用した資料は原文のままを原則としたが、適宜、句読点とルビを付し、常用漢字を使用した。明白な誤字は正しておいた。また、本文中では敬称を略した。聞書きはできるだけ意を尽くした記述につとめたが、至らない点があればご寛恕のほどを切に願う次第である。

最後に、信仰なき愚かなる私にもたくさんの恵みが与えられたことに深く感謝いたしますとともに、格別のお力添えをいただいた磯部清二、紀久子ご夫妻、加藤訓、麗子ご夫妻、ライラ・オデガード、ハラルド・オデガードご夫妻、ランヒル・ラヴォス、カール・ラヴォスご姉弟に心より御礼申し上げます。

大谷 渡

二〇一八年二月二〇日

■あ行

アーケシュフース県　86
愛知　209, 211
愛知郡　28
愛知県　17, 23, 48, 53, 58, 98, 100, 104, 107, 122, 173, 174, 200
愛知県珪砂鉱業協組　51
愛知県食糧営団　60
愛知航空　122
愛窯高校　26
アウカ族　181
青山学院　19
青山学院大学　35
秋田県　153
旭ダウ　154
旭町　28, 35, 47, 113, 204
旭村　34
芦屋　164, 193, 195
芦屋市　193, 194
足羽川　115, 167
熱田区　42
油坂峠　167
天照大神　176
アムステルダム　154
アメリカ　30, 82, 89, 94〜96, 105, 127, 128, 140, 157, 172, 174, 184, 209, 213
アメリカン・ボード　212
芦原温泉　202
芦原温泉駅　202, 203
あわら市　72, 202, 203
イエス　24, 25, 32, 68, 70, 71, 134, 139, 149, 150, 166, 171, 172, 178, 198, 200, 204〜208, 216
イエス＝キリスト　133, 149, 178
イエスパーセン夫妻　204〜208
イエスパーセン（メアシー・ソン） 200, 204, 206, 207, 216
イエスパーセン（ロバート） 200, 204, 206, 216
イギリス　163, 198
イギリス人　89
『生ける屍』　176
異言　68, 89, 134, 135, 148, 207
生駒　95, 96, 160
生駒市　205
生駒聖書学院　94, 95
生駒山　94
石川　211
石川県　104, 110, 191, 196, 200, 202, 215
石川県立第一中学校　15
石切　94
泉尾　116
磯部村　191
伊丹空港　151
板宿駅　198
市岡　116
市岡高校　119
市岡第五尋常小学校　116
市岡中学校　119, 120
市岡元町　117
市場町　29
市姫　202, 203
市姫橋　202
糸魚川　190

茨木　94
イブ・ソン・ニールスン　199, 200, 204, 206
今　34, 60
今立郡　121, 122, 190
井元産業　49
イラク　49
イラン　49
岩見沢　124
岩屋　164
岩屋堂　32, 34, 36, 66
右京区　105
宇治市　97
梅本町公会　212
ウンヘイム　180, 181
永宮寺　203
『栄光の道　FFFM 日本宣教六十年史』　112
エイズヴォール　104
永平寺　202, 203
永平寺鉄道　202
英和学校　96
エヴァンゲリエキルケン教会　187, 206
エクアドル　181
エチオピア　163
越後　190
越前　72, 101, 112, 157, 166, 169, 183, 187, 189
越前大野駅　168
えちぜん鉄道　109, 167, 169, 192
えちぜん鉄道勝山永平寺線　167, 169
越前電気鉄道　167
『FCMF 五十周年記念誌』　104, 154, 165
江別　151, 152
追分進陶町　29
追分町　20, 29
大垣　44, 45
オーゴット　→ベルゲ
大阪　32, 75, 95, 106, 111, 117～120, 123, 125, 151, 177, 180, 209, 212, 213
『大阪河内の近代』　47
大阪救霊会館　94
大阪市　46, 47, 94, 116, 120
大阪城東福音教会　94
大阪大空襲　116, 123, 215
大阪府　46, 94, 116, 120
大阪府教育委員会　46
大野　139, 157, 160, 161, 164～171, 175, 177, 179, 181, 182, 184, 185, 215
『大野織物業界のあゆみ』　170
大野高校　170, 176
大野市　164, 175, 186
『大野市史』　170
大野福音キリスト教会　161, 164, 168, 171, 177, 179, 181
大野盆地　166, 167
沖縄　118
奥越　157, 166, 167, 169, 181
オスロ　7, 69, 79, 82, 85, 86, 89～91, 103, 104, 157, 163, 210, 213, 214

オスロ空港 140
オスロ中央病院 78, 215
お茶の水女子大学 19
尾張 18, 183
尾張旭 42, 45, 49, 102
尾張旭市 28, 47

■か行
加越山地 167, 190
加賀 187, 189, 193
加賀平野 202
各務原市 97
嘉義 61
学童集団疎開 120
鹿児島 16, 19, 74
春日井市 32
片上村 121
片山津 46, 47
勝木医院 201, 202
勝山 100, 110, 139, 157, 160, 161, 164～170, 183, 215
勝山駅 167
勝山恐竜群 167
勝山市 164, 167
勝山自由キリスト教会 160, 161, 164, 165, 169, 178
勝山精華高等学校 170
勝山橋 167
勝山本町 164
金沢 205
金沢市 176, 177, 204
金沢大学 205
金沢大学病院 123
金沢第九師団 122
カナダ人 12
金津 72, 110, 113, 189, 192, 200, 202～207, 215
金津駅 202
金津大橋 202, 203
金津キリスト召会 72
金津町 72, 190, 191, 201, 202
金津福音キリスト教会（金津教会） 72, 200, 203, 204, 206, 207
鹿乗 32
窯神 17, 18, 20～22, 25～27, 29, 30, 33, 35, 53, 64, 113
窯神神社 20
窯神町 18, 20, 23, 25, 26, 37, 51, 53, 66, 107
上京 105
上京区 105
上庄 184, 186
上陣屋 29
上陣屋町 50, 51
上水野 29
亀山 166
樺太 118
軽井沢 174, 175, 188
カルナ（タパニ） 106, 111
川北町 29
川口居留地 212
韓国 59, 149, 206
関西 95, 96, 100
関西聖書学院 95, 96, 160, 179, 181, 184, 205
関西聖書神学校 191, 198

ガンスフィヨルド 141
関西学院大学 95, 96
キーステン →ハーゲン
基隆 10, 14, 15, 17
木曽山脈 20
木田 115
北区 105
北府駅 122
北設楽郡 58
北広島 116, 117, 120, 123, 124, 130, 134, 138, 143, 144, 148〜150, 152, 153, 155, 215
北広島駅 153
北広島市 152
『北広島市史』 152
北広島自由キリスト教会 153, 154, 156
北前船 109
北脇町 29
岐阜 44, 107, 167
岐阜市 45
ギャレット聖書学校 212
清川町 115, 136
九条 116
熊本 74
九州 40, 50, 74, 75, 170, 194
『旧約聖書』 134, 156
共栄通り 29, 45
共産党政権 187
京都 17, 95, 101, 104〜106, 108, 110, 111, 136, 166, 194, 212
教派神道 87, 212
金城学院 14, 15, 17〜19, 21, 31, 99, 107, 209
金城学院高等学校（金城学院高校） 16, 17, 18, 19, 20, 29, 61, 64, 209
『金城学院創立百周年記念文集 みどり野』 31
金城学院大学 49
金城学院大学資料室 15, 18, 19
金城学院大学短期大学部 18, 20, 61, 64
『金城学院百年史』 16
金城女子専門学校附属高等女学校 18
九頭竜川 109, 167, 180, 186, 190, 191
倉茂織産株式会社 193
倉茂電工 193, 194
倉茂洋行 193
クラセイエ（グン） 104, 216
クリチバ 146
クリッペン教会 136, 138, 139, 141, 143〜146, 163
グルブランスン（ダニー） 101, 108, 115, 129, 131, 134〜136, 196, 215
グンダスン（ヨハンナ） 102
慶州 59, 60
慶尚北道 50
京福電鉄 105, 109, 168, 169, 188, 192, 202
京福電鉄丸岡線 192
下呂温泉 123
公害対策 154
航空自衛隊小松基地 202

甲子園　47
高蔵寺町　32
高度成長期　21, 37, 40, 56, 126, 192, 211
神戸　17, 34, 35, 48, 101～104, 134, 161, 164, 188, 191, 198
神戸港　188
神戸市　198
神戸フィラデルフィア教会　104
国鉄越美北線（JR 越美北線）168, 169
国道八号　126
国府軍（中華民国国民政府軍）　11
五条大橋　105
国教会　143, 144, 158
滬尾偕医館　12
コペンハーゲン　112, 187, 188, 206
コペンハーゲン大学　205
駒込　95, 136, 145
小松　101, 104, 110, 113, 189, 192, 199, 200, 202, 203, 206, 207, 215
小松市　191, 196, 201, 202
小松自由キリスト教会　196, 197, 200
小松製作所（コマツ）　202
小松飛行場　202
小松ベタニヤ福音教会　101, 187, 189, 196, 200, 204
小山下内河原町　105
五六豪雪　161, 168, 183
コンゴ　163, 164, 173
金光教　89
昆明　101, 187

■さ行

サーレム教会　111
サーレン教会　10, 30, 48, 64, 93, 211
斉藤医院　20, 22, 25, 26, 30, 33, 53
在日朝鮮人　24, 56, 214
堺　95
坂井郡　72, 108, 189～191
坂井市　108, 167, 189
坂井町　201
坂井平野　191
栄区　42
栄町（さかえちょう）　153
栄町（さかえまち）　34
魁国民学校　116, 120
魁町　116
札幌　151, 152
札幌郡　152
鯖浦電気鉄道　122
鯖江　117, 120, 124～126, 131, 134, 135, 215
鯖江駅　126
鯖江市　121, 126
鯖江町　121
産業革命　87
三軒家　116
三郷　47
サンネス　136, 138, 139, 141, 143～145, 157, 158, 161～163
三宮　188
サンパウロ　146～151, 215
サンパウロ市　147, 149
サンパウロ州　146

三八豪雪 168
山陽電鉄 198
シアトル 95, 97
シー 10, 17, 18, 25, 30, 32, 45, 48, 64, 79, 80, 82～88, 90～93, 117, 188, 200, 204, 206, 207, 210, 211, 213, 214, 216
GHQ 25
シー教会 78, 93
塩屋町 198
四国 74
四條畷 94
静岡 44, 45
静岡の大火 45
シティ・ミッション 89, 213
使徒行伝 134
品野町 32
資本主義 87, 89, 212
下京 212
下鯖江駅 121, 122
下庄中学校 176
下陣屋町 51
社会変動 87, 89, 160, 212
『写真アルバム　坂井・あわら・奥越の昭和』 167
自由基督教会 27, 29, 32
自由キリスト教宣教団 72, 98～100, 103, 110, 139, 165, 170, 198
重慶 101, 187
住宅金融公庫 153
集団就職 40, 74, 75, 170
自由メソジスト 146, 147, 150
『主のみわざ　小松ベタニヤ福音教会宣教三十三周年記念誌』 187
『主のみわざ　武生自由キリスト教会宣教三〇周年記念』 101, 107, 129
彰化 10, 12, 15, 99, 100, 101, 103, 209
彰化街 11
彰化キリスト教会（彰化教会） 11, 101
彰化銀行 10
彰化女子高中 11, 13
彰化病院 10, 11
正色国民学校 41
上智大学 18
浄土真宗 135
浄土真宗大谷派 203
浄土真宗本願寺派 203
庄内川 41
昭和区 42
昭和町 164
女子英学塾 105
白壁 18, 19, 29
白壁町 19
仁愛女子高等学校 180
『新愛知』 43
『新愛知タイムズ』 51, 74, 75
新札幌 153
『新修名古屋市史』 42
進駐軍 123, 188
神道 87, 89, 173, 212
新富町 153
神明 122
神明町 121

陣屋 44, 46
『新約聖書』 134
浸礼 133, 149
スウェーデン 90, 96, 99, 103, 216
スウェーデン系 95
スウェーデン人 95, 96, 103, 163, 196
陶彦神社 20
スカウゲ（オルガ） 101, 107～110, 215
スカンジナビア人 89
スカンディナヴィアン・フリークリスチャン・ミッション 10, 99
スタヴァンゲル 140, 141, 144, 154, 162, 163, 174
スタヴァンゲル空港 140
スタヴァンゲル大聖堂 140
ステートチャーチ 84
ストックホルム 103
須原町 29
スピーゲルバルグ 90, 91
須磨 34, 102, 134, 164, 198
須磨区 198
須磨自由キリスト教会 103, 161, 198
住友銀行 153
住友工業学校 116
住友私立職工養成所 116
住吉町 195, 196
聖書 24, 35, 55, 70, 82, 85, 93～96, 99, 129～131, 133～138, 145, 148～150, 152, 156, 160, 165, 172, 177～179, 181, 182, 184, 189, 191, 198, 201, 205, 207, 212, 215
青松郡 50
聖霊 68, 93, 133～136, 148, 149, 198, 207, 208
セーレン株式会社 125
セーレン鯖江工場 126
『セクト――その宗教社会学』 89
瀬戸 17, 18, 20, 22～25, 28～31, 34～37, 40, 41, 44, 45, 47, 49～54, 56～58, 60～78, 81, 83, 87, 102, 103, 107, 112～114, 173, 174, 183, 208, 209, 211, 214, 215
瀬戸駅 18, 20, 51
瀬戸家政学院（家政学院） 27～29, 32, 35, 53～56
瀬戸川 20
瀬戸高等学校（瀬戸高校） 21, 24, 25, 53
瀬戸サレム教会 32, 34, 60, 72, 75, 112, 157
瀬戸市 17, 21, 28, 29, 32～34, 36, ～40, 45, 47, 69, 72, 75, 83, 97, 98, 100, 102
『瀬戸市史』 50
瀬戸自動車 45, 46
瀬戸市文化センター 83, 211
瀬戸自由基督教会 27, 29, 32
瀬戸自由キリスト召会 27
瀬戸市立第一国民学校 52
瀬戸市立第一中学校 52
瀬戸市立水無瀬中学校 52
瀬戸町 34
瀬戸電 20

瀬戸窯業学校　23
瀬戸窯業高等学校（瀬戸窯業高校）　23, 25, 26, 46, 47, 53
『宣教五〇周年記念写真集』　72
『宣教三〇周年記念』　101
戦後復興期　16, 37, 40, 56, 65, 113, 126, 211, 213
禅昌寺町　198
洗礼　32, 34, 66, 72, 82, 89, 92, 93, 105, 117, 131, 133, 149, 172, 180, 181, 184〜186, 201, 214
『足跡』　115
ソニー　202
ソルボール（アーヌルフ）　34, 102〜104, 134

■た行

タイ　51, 74, 75, 100, 154, 178, 179, 201
大韓民国居留民団瀬戸支部　60
大気汚染　40, 65
大邱　60
『大正期の権力と民衆』　87
大正区　116
台中　10
大同肥料　122
台南　11, 14〜16, 18, 19, 30, 65, 67, 209
第二次世界大戦　160, 187, 213
太平洋　10, 167
台北　10, 12
台湾　7, 10, 11, 14〜17, 19, 31, 34, 61, 64, 67, 68, 70, 95, 96, 98〜101, 103, 106, 111, 189, 209〜211, 213, 214, 217
台湾総督府　12
台湾長老教会　12
高雄　10
高岡市　104
高田　116, 117, 124
高山　118, 123
滝の茶屋　198
滝之湯町　56〜, 59
竹田　191
竹田川　72, 190, 191, 202
武生　32, 107, 108, 110, 112, 113, 115, 118, 122, 125, 128, 131〜133, 135, 137, 164, 176, 178, 184, 192, 194, 195, 197, 215
武生駅　107
武生菊人形　192
武生高校　193
『武生高等学校百年史』　122
武生市　101, 113, 115, 136
『武生市史』　113
武生自由キリスト教会（武生教会）　101, 107, 108, 111, 113, 129, 136, 175, 179, 182, 195〜197, 199, 200, 215
武生第二中学校　192
武生中央公園　192
武生中学校　120〜124
武生西小学校　192
武生盆地　112
立待村　121
田端町　29, 34

田村塾 25
垂水区 198
田原 100
田原町 113
丹後半島 194
淡水 12
丹波 212
単立ペンテコステ教会フェローシップ（TPKF） 96, 97
築港 116
千歳 152, 154
千歳空港 152
千葉 184
中央聖書神学校 95, 96, 137, 138, 145, 150, 152
中華民国国民政府 11, 12
中華路 11
中国共産革命 211, 213
中国共産軍（共産軍） 7, 98, 101, 175
中国大陸 10, 34, 96, 101, 106, 187, 213
中部 43, 44, 96, 100
『中部日本新聞』 43
中部日本新聞会館 44
長栄高等女学校（長栄高女） 14, 15, 19, 209
長栄女子高級中学校 15
『長榮女子中学八十週年校慶特刊目録』 15
朝鮮 24, 50, 56, 58, 59, 119, 214
長泉寺 121～123, 126
朝鮮総連 59
朝鮮大学校 59
長老教会 12, 14, 68
長老教女学校 15, 16
長老派 11, 12, 209
津田英学塾 105
津田塾大学 105
敦賀 164, 215
鉄道院三国線 202
デュヴック大学神学院 18
天満教会 213
デンマーク 49, 90, 96, 100, 101, 103, 112, 187, 191, 196, 198～201, 204～207, 211
デンマーク人 72, 98, 99, 101, 110, 113, 196, 213
天理教 87, 89, 212
『天理教の史的研究』 89, 212
ドイツ 90, 118, 127, 146
ドイツ軍 160
道央自動車道 152
東海高校 61, 62
東海中学校 61
東京 19, 25, 35, 94, 96, 122, 138, 145, 150, 152, 196, 197
東京女子高等師範学校 19
東京神学社神学専門学校 15
『東京大学職員録』 21
東京都 95, 136
陶原町 52, 60, 61
陶磁器会館 20
陶磁器陳列館 20
同志社大学 94
東尋坊 109, 202

陶生病院　21, 36
道泉小学校　55
道泉尋常小学校　52
道泉町　51
東大　58
東大農学部附属愛知県演習林　21
道道札幌夕張線　152
道道四六号　153
東北　74, 170
陶本町　27〜29, 37, 53, 56, 59〜61
東洋大学　196
東洋電機　122
東洋レーヨン敷布工場　72
トープ（アンネ）　102
トープ（オーゲ）　102, 103, 110, 164
都市化　86, 87, 89, 126, 152, 160, 211〜213
豊島区　95, 136
富山県　104
鳥井町　126
鳥原川　32

■な行
中川区　41, 42
中川中学校　42, 44
中河村　121
中区　42, 44
長久手市　28
長久手村　28
中野町　175
中山村　190
名古屋　14, 15, 17〜20, 24, 34, 45, 49, 99, 107, 108, 209
名古屋市　17, 18, 34, 41, 42, 44, 57, 61, 107
名古屋城　29, 62
『名古屋新聞』　43
名古屋大学（名大）　55, 58, 62, 214
名古屋大学医学部附属診療X線技師学校　62
名古屋大空襲　42, 214
ナザレン教会　105
灘区　103, 164
浪花公会　213
浪花町　107, 128
奈良　209
奈良県　94
鳴滝　105, 106
ナンエツ会社　123
南越航空補機　122
南山大学　47, 49, 214
南米　181
新潟　116, 124
新潟管区気象台　190
ニーザーランド　90
西川端町　44
西蔵所　29
西鯖江　122
西武生駅　122
西田中　122
西谷町　25, 51
西長田駅　192
西長田ゆりの里駅　192
西成区　94
西成郡　116
西宮　96, 135〜137, 166, 179

西宮市 95, 165
西福井駅 109
西本願寺 136
西山公園駅 121
日月潭 13
日蓮宗 116, 124, 129
日本アッセンブリーズ・オブ・ゴッド教団 138, 150, 152
日本イエス・キリスト教団 198
日本基督教会鹿児島教会 16
日本基督教会富士見教会 15
『日本近現代史研究』 36, 87, 211, 217
『日本再発見18福井県』 167
日本精工 122
日本大学 196
日本伝道隊 198
ニューヨーク 7, 10, 82
ヌーリ（エーデル） 102, 104
ネクスト・タウンズ・クルセード 94
ノースウェスタン大学 212
ノートオッデン 157〜161, 165, 171, 174, 184, 210, 213
ノートルダム女学院 110
ノルウェー 8, 30, 34, 35, 48, 49, 64, 69, 71, 78〜80, 82〜84, 86, 87, 89, 90, 96, 97, 100, 103, 104, 106, 109, 111〜113, 132, 133, 136, 138〜140, 142〜145, 151, 153〜158, 164, 173〜175, 181, 182, 188, 196, 198, 199, 210, 211, 213, 215, 216
ノルウェー系 95
ノルウェー人 7, 12, 34, 66, 98, 99, 128, 139, 164, 174, 177, 188, 198, 213
ノルウェー・ペンテコステ海外宣教団（PYM） 96
ノルウェーミッション 136

■は行

ハーゲン（キーステン） 7, 8, 10〜14, 16〜37, 40, 46〜49, 53〜55, 57, 60〜72, 74〜85, 87, 93, 97〜104, 107, 112, 113, 173〜175, 183, 184, 187, 188, 205, 206, 208〜211, 213〜217
梅洞 50
ハウゲン（オーセ） 72, 110, 113, 114, 132, 199, 200
パキスタン 163
白山 208
白山市 205
白山神社 176
函館 152
ハスピージュ 10, 103
バッケン（ベルタ） 10, 15, 100, 101, 110, 164, 165
バッコ（アンネ） 110, 164, 165
パナソニック 202
パナマ運河 10
羽田 164
バプテスマ 133, 134
パラグアイ 163
パラナ州 146
春江町 191

バルト海　140
ハンザ同盟　140
阪神・淡路大震災　96
ハンセン（オーラウ）　164, 165
ピータソン（ルース）　102〜104
東春日井郡　17, 28, 107
東区　29
東権現町　29
東松山町　21
東吉田町　58, 59
飛騨　118, 123
日野川　112, 126, 167
ひまわり会　194
兵庫　209, 211
兵庫県　95, 165, 193
ビヨルグ　100, 111, 112, 131
平町　29
広島工業団地　152
広島第二工業団地　152
広島町　152, 153
広島村　152
フィラデルフィア教会　95, 97, 103, 104, 112, 163
フィンランド　90, 96, 99, 106, 112, 216
フィンランド人　106, 111
フィンランドミッション　97
フォッサン　140〜143, 145, 154, 155
フォロ　86
深川神社　20, 23, 28
福井　17, 98〜100, 105, 112, 114, 115, 135, 160, 165, 167, 174, 175, 188, 197, 209, 211, 215
福井駅　109, 169
福井空襲　106
福井県　32, 72, 100, 101, 104, 107, 108, 110, 112, 117, 118, 120, 121, 139, 164, 174, 188〜190, 200, 215
『福井県大野郡誌』　167
『福井県史』　106, 190
福井県立博物館　167
福井市　100, 106, 110, 113, 115, 167, 178, 180, 190, 205
福井地震（福井大地震）　189, 190
福井自由キリスト教会　100, 112, 115
福井自由キリスト召会　114, 115
福井震災　105, 192
福井精練加工　125, 126, 135
福井鉄道　122
福井鉄道鯖浦線　126
福井鉄道福武線　121
『福井伝道のあゆみ』　106
福井藩　113
福井平野　126, 190, 191, 202
福井村田製作所　195
「福井烈震速報」　190
福武電気鉄道　121, 122
布施　94
府中　112
復活　32, 133, 136, 178
仏教　59, 172, 173, 205
仏国寺　59, 60
船津村　121, 123
ブラジル　139, 145〜151, 153, 155,

215
ブラジル領事館 151
ブリヂストン 202
ブルーン（アンナ） 72, 101, 110, 187〜189, 191, 192, 196, 200〜203, 205〜207, 216
プロテスタント 212, 213
プロテスタント教派 198
文教ゴスペルセンター 100, 160, 205
米国 90, 110
米国人 181, 188
米国メソジスト監督教会 105
平和町 192
北京 7, 8, 10, 111, 112
ベタニア教会 158〜160
ヘッダール・スターヴ教会 158〜160
ヘミングビー 66
ベルゲ（オーゴット） 7, 8, 14, 17, 98, 101, 104, 107, 108, 112, 113, 115, 129, 132, 133, 135〜146, 151〜156, 175, 180, 213, 215
ベルゲン 140
ヘルシンキ 111
ペンテコステ 68, 82, 84〜87, 89, 92 〜 96, 133, 135, 160, 163, 213, 214
ペンテコステ教会 96, 98, 101, 137, 144, 147, 164
ペンテコステ信仰運動（ペンテコステ運動） 89, 90, 94, 133, 158
ペンテコステ宣教本部 103
ペンテコステ派 10, 32, 68, 72, 78, 82, 84, 86, 87, 89, 90, 92, 93, 95, 96, 98, 99, 104, 105, 112, 117, 138, 144, 146, 147, 158, 159, 163, 164, 206, 209〜, 211, 213〜216
法政大学 125
ボーディル 204, 205, 207, 216
ホープハウス 204
ホオプト教会 104
ホーリネス 89, 213
ホーリネス系 150
ホーリネス派 105
ボーンホルム島 199
北欧 22, 95, 96, 98, 157, 174, 200, 209〜211, 214〜217
北欧自由キリスト教宣教団（北欧宣教団、北欧自由ミッション） 12, 15, 72, 96, 98〜100, 165, 170, 174, 175, 188, 200, 208〜211, 213, 216
北陸 46, 74, 107, 109, 126, 166, 168, 172, 192, 197, 202, 203
北陸街道 113, 126, 202
北陸学院 16
北陸学院名誉院長番匠鐵雄先生記念会 15
北陸本線 107, 109, 126, 192, 202, 203
法華経 129
ホスフィヨルド 141, 143
北海 140, 141
北海道 124, 151, 152, 154, 170, 177, 180, 209, 215

歩兵第三六聯隊　122
堀川女学校　105
ホルダラン県　140
ボルヨソン（トーヴェ）　159, 160, 216
香港　101, 187
本丸岡駅　192

■ま行

マーレミステ　90
前田町　29
馬偕病院　12
曲木　121, 135, 136
マタイ伝　178
松原町　29
松山町　21, 29
真名川　186
丸岡　72, 110, 187, 189〜192, 194, 199, 201, 203, 204, 206, 215
丸岡駅　192
丸岡教会（丸岡自由キリスト教会）　191, 199, 204, 206
丸岡高校　204
『丸岡自由キリスト教会宣教三十周年記念』　189, 191
丸岡城　190, 191
丸岡町　189〜192, 201
丸岡藩　189
丸岡福音キリスト教会　191, 203
円山時計店　117, 118, 125
満州第七四八軍事郵便所　44
『見えないものを求め続けて——森田令信遺稿集』　199
三国　72, 101, 106, 108〜110, 165, 167, 179〜181, 188, 189, 192, 202, 203, 215
三国芦原線　192
三国駅　192
三国海岸　106, 208
三国自由キリスト教会　101, 109, 110, 113, 165, 180
三国町　108
三国病院　189
三国湊　109, 202
水落信号所　126
水野駅　29, 60, 75
水野川　32
水野村　34
ミッションサンバナ　143, 144, 155
緑町　192
『みどり野』　31
港区　116〜118, 123, 125
南塾　56
南メソジスト監督教会　96
南山　33, 34, 62, 73, 103
南山町　29, 33〜35, 37, 47, 61, 65, 72, 74, 75, 81, 83, 102
ミネアポリス　95
美濃三河高原　20
宮里町　23
妙安寺　203
ミヨス（マルサ）　14, 17, 102, 104, 213
村田製作所　195, 202
明治学院　15
明治屋　34, 35

名鉄瀬戸線 20, 60
恩恵幼稚園 113, 196
メソジスト 89, 96, 105, 146, 147, 150, 213
モータリゼーション 169, 192
門司 17
元町 117, 192
森田町 190, 191, 201
守山区 17, 107
守山町 17, 107

■や行

安戸町 51
山形県 141
山城 193
山城温泉 193
山本精機 122
弥生町 168, 177
豊村 121
ユナイテッド・ペンテコスタル・チャーチ 94
揚子江 187
吉川村 121
吉崎御坊跡 203
吉崎山 203
吉田郡 190
ヨルゲンスン（アンナ） 102

■ら行

ラヴォス（カール） 97, 141, 157, 161, 210, 216, 217
ラヴォス（ランヒル） 100, 103, 112, 139, 141, 142, 145, 157, 160～166, 168～175, 178, 179, 182～186, 216, 217
ラヴォス村 141, 161, 162
ラッペ（ヘンリック） 164, 165, 198
リース（ヘレン） 72, 101, 110, 187 ～ 189, 191, 192, 196, 199 ～ 203, 207
リーセフィヨルド 141, 142, 155
リトル・トーキョー 149
リバイバル 146, 147
リベルダージ 149
リューカン 159, 160, 213
リレハンメル 79
ルーテル派 143
ルーテル派教会 158, 159
ルドルフ（ウイリー） 7, 8, 14, 17, 27, 32, 98～101, 104, 108, 111～113, 115, 129～132, 200
ルドルフ（エリン） 100, 111, 112, 129
『霊想――湧き上がる心の泉』 198
『レ・ミゼラブル』 195
連合軍 160
ローガラン県 140, 141
ローマカトリック 158
ロサンゼルス 149
ロンドリーナ 146, 147

■わ行

若松町 192
和歌山県 118

索引

外国人名はラストネームを項目にとり
（　　）内にファーストネームを入れた。

大谷　渡（おおや　わたる）
関西大学教授。日本近現代史専攻・博士（文学）。1949年12月、奈良県に生まれる。関西大学文学部卒業、関西大学大学院修士課程修了。著書に『管野スガと石上露子』『教派神道と近代日本』『天理教の史的研究』『北村兼子——炎のジャーナリスト』『大阪河内の近代』『台湾と日本——激動の時代を生きた人びと』『看護婦たちの南方戦線——帝国の落日を背負って』『台湾の戦後日本——敗戦を越えて生きた人びと』があり、編書に『石上露子全集』、編著書に『大阪の近代——大都市の息づかい』（いずれも東方出版）がある。
住所　奈良県磯城郡田原本町為川南12-2

北欧から来た宣教師
戦後日本と自由キリスト教会

2018年5月16日　初版第1刷発行

著　者——大谷 渡

発行者——稲川博久

発行所——東方出版㈱
〒543-0062　大阪市天王寺区逢阪2-3-2
Tel. 06-6779-9571　Fax. 06-6779-9573

装　幀——森本良成

印刷所——亜細亜印刷㈱

落丁・乱丁はおとりかえいたします。
ISBN978-4-86249-327-9

台湾の戦後日本　敗戦を越えて生きた人びと　大谷渡　2700円

台湾と日本　激動の時代を生きた人びと　大谷渡　2800円

看護婦たちの南方戦線　帝国の落日を背負って　大谷渡　2800円

北村兼子　炎のジャーナリスト　大谷渡　2500円

管野スガと石上露子　大谷渡　2100円

石上露子全集　大谷渡編　8000円

大阪の近代　大都市の息づかい　大谷渡編著　2800円

大阪河内の近代　東大阪・松原・富田林の変貌　大谷渡　2500円

天理教の史的研究　大谷渡　2650円

＊表示の値段は消費税を含まない本体価格です。